Hamilton Beach

Frühstücks-Sandwich-Maker Kochbuch
für Einsteiger

100 Mühelose Und Köstliche Sandwich, Omelett Und Burger-Rezepte
Für Vielbeschäftigte Mit Kleinem Budget

Lime Brantre

Inhaltsübersicht

EINFÜHRUNG

Sie haben sicher schon die Werbung für die magischen Frühstücks-Sandwichmaker gesehen, die Ihnen innerhalb von etwa fünf Minuten - je nach Marke des Sandwichmakers - ein köstliches Frühstückssandwich zaubern, das dem Fastfood-Laden mit den goldenen Bögen Konkurrenz macht. Ich hasse es, jeden Morgen Frühstück zu machen, aber ich weiß, wie wichtig das ist, und mit diesem Gerät sah es so einfach aus. Also haben mein 12-Jähriger und ich den Frühstücks-Sandwichmaker ausprobiert.

So funktionieren Frühstücks-Sandwich-Maschinen

Die Verwendung eines Frühstücks-Sandwichmakers ist genauso einfach, wie es in der Werbung dargestellt wird. Sie legen eine Scheibe Brot hinein, fügen Käse und/oder vorgekochtes Fleisch hinzu, schieben die Eiersperre hinein, schlagen ein Ei auf die Eiersperre, legen eine weitere Scheibe Brot darauf und schließen.

Sandwiches im Handumdrehen

Ich habe die Maschine zuerst ausprobiert und vergessen, das Brot zweimal darauf zu legen, weil ich abgelenkt war. Dadurch ist das Ei an der Seite der Maschine herausgetropft. Kein Problem! Dank der fantastischen Antihaftbeschichtung des Geräts konnte ich das Ei mit einem Wisch mit dem Handtuch abwischen. Ich war beeindruckt.

Sobald ich die Maschine langsamer und bestimmungsgemäß benutzte, lief alles glatt. Das Brot wurde richtig getoastet und die Eier wunderbar gegart. Mein 12-jähriger Sohn konnte den Sandwichmaker beim ersten Versuch bedienen.

Mir gefiel, dass das Eigelb perfekt flüssig blieb, für diejenigen in unserer Familie, die flüssiges Eigelb mögen. Für diejenigen, die kein flüssiges Eigelb mögen, habe ich das Ei einfach mit einer Gabel ein wenig verrührt, nachdem ich das Ei hineingetan hatte.

Timing ist alles

Was mir nicht gefiel, war, dass das Gerät keinen zuverlässigen Timer hatte. Es hat zwar eine Vorheizleuchte, aber wie in der Bedienungsanleitung beschrieben, zeigt diese nicht an, wann das Sandwich fertig ist. Auch das Einstellen eines Küchentimers auf die vorgeschlagenen fünf Minuten ist keine gute Lösung. Wir haben festgestellt, dass es je nach Zutaten zwischen drei und sechs Minuten dauert, bis ein Sandwich gar ist.

Schließlich fand ich heraus, dass es am besten war, einfach den Deckel hochzuheben und alle paar Minuten einen Blick darauf zu werfen. Das bedeutet, dass man in der Nähe bleiben und wachsam sein muss. Das ist kein Gerät, das man einschalten und kochen lassen kann, während man sich für den Tag fertig macht.

Nicht knutschen

Wenn Sie einen Panini-Maker verwenden, sind Sie es vielleicht gewohnt, Ihre Sandwiches zu zerdrücken, aber bei einem Frühstücks-Sandwich-Maker müssen Sie das nicht tun. Legen Sie den Deckel sanft auf Ihr Brot; er muss zum Garen nicht vollständig schließen. Wenn Sie den Deckel zudrücken, kann das Ei aus dem Gerät herausplatzen und auf Ihrer Arbeitsplatte landen.

Umstellung des Brotes

Alle Bilder auf der Verpackung zeigten Sandwiches mit runden Broten wie Bagels und englischen Muffins, aber wir beschlossen, es auch mit geschnittenem Brot zu versuchen. Man muss die Ränder des Brotes ein wenig in das Gerät drücken, aber es wird trotzdem perfekt getoastet.

Aufräumen

Die Reinigung des Frühstücks-Sandwichmakers ist ebenfalls einfach. Durch Anheben des Deckels werden die Ringe für die Sandwichherstellung gelöst. Sie können in die Spülmaschine gestellt oder von Hand in heißem Seifenwasser gewaschen werden.

Die Platten des Geräts können nicht entfernt werden, aber sie können mit einem seifigen Schwamm abgewischt und dann mit einem mit sauberem, warmem Wasser angefeuchteten Schwamm "gespült" werden.

Nach der Reinigung des Geräts sollte alles getrocknet und mit einem Antihaft-Kochspray bestrichen oder mit Pflanzenöl abgewischt werden, damit alles antihaftbeschichtet bleibt und nicht anläuft.

Kapitel 1: Normale Frühstückssandwiches und Omeletts

Klassisches Sandwich mit Speck, Salat und Tomate

Vorbereitungszeit: 15 Minuten.

Kochzeit: 5 Minuten.

Dient: 1

Zutaten:

- 2 Scheiben Weißbrot, in 4-Zoll-Kreise geschnitten
- 3 Scheiben Speck, gekocht
- 2 dünne Tomatenscheiben
- 1 Blatt Römersalat, in zwei Hälften gerissen
- 2 Teelöffel Mayonnaise

Vorbereitung:

1. Heizen Sie Ihren Hamilton Beach Breakfast Sandwich Maker vor. Das PREHEAT-Licht leuchtet grün, wenn er auf die richtige Temperatur erhitzt ist.
2. Heben Sie die obere Abdeckung, den Ring und die Kochplatte ab.
3. Legen Sie die eine Hälfte des Brotes in den Sandwichmaker.
4. Mit Mayonnaise, Salat und Tomate belegen.
5. Nun die Kochplatte und die oberen Ringe absenken, dann den Speck darauf legen.
6. Die andere obere Hälfte des Brotes darauf legen.
7. Den anderen Kreis des Brotes darauf legen.
8. Decken Sie die obere Haube ab und lassen Sie das Sandwich 5 Minuten lang garen.
9. Drehen Sie den Griff der Kochplatte nach dem Kochen im Uhrzeigersinn bis zum Anschlag.
10. Die Haube abnehmen, die Ringe entfernen und das Sandwich auf einen Teller legen.
11. Servieren.

Anregung zum Servieren: Servieren Sie das Sandwich mit knusprigem Speck und Ihrer Lieblingssoße auf der Seite.

Variations-Tipp: Geben Sie zusätzlich etwas gemahlenen schwarzen Pfeffer in die Füllung.

Nährwertangaben pro Portion:

Kalorien 267 | Fett 12g | Natrium 165mg | Kohlenhydrate 39g | Ballaststoffe 1,4g | Zucker 22g | Eiweiß 3,3g

Spinat-Käse-Sandwiches

Vorbereitungszeit: 15 Minuten.

Kochzeit: 5 Minuten.

Dient: 2

Zutaten:

- 2 Brötchen, in Scheiben geschnitten
- 4 Teelöffel Olivenöl
- 1 Esslöffel geschnittener frischer Rosmarin
- 4 Eier, verquirlt
- 2 Tassen frischer Blattspinat
- 1 Tomate, in 8 dünne Scheiben geschnitten
- 4 Esslöffel fettarmer Feta-Käse
- ⅛ Teelöffel koscheres Salz
- Frisch gemahlener schwarzer Pfeffer.

Vorbereitung:

1. Eier mit schwarzem Pfeffer und Salz in einer geeigneten Schüssel verquirlen.
2. Heizen Sie Ihren Hamilton Beach Breakfast Sandwich Maker vor.
3. Heben Sie die obere Abdeckung, den Ring und die Kochplatte ab.
4. Die untere Hälfte eines Brötchens in den Sandwichmaker legen.
5. Mit der Hälfte der Beläge außer der Eimischung belegen.
6. Nun die Kochplatte und die oberen Ringe absenken, dann die Hälfte des Eies hineingießen.
7. Die andere obere Brötchenhälfte darauf legen.
8. Decken Sie die obere Haube ab und lassen Sie das Sandwich 5 Minuten lang garen.
9. Nach Beendigung des Garvorgangs drehen Sie den Griff der Kochplatte im Uhrzeigersinn bis zum Anschlag.
10. Die Haube abnehmen, die Ringe entfernen und das Sandwich auf einen Teller legen.
11. Wiederholen Sie den Vorgang mit den restlichen Zutaten.
12. Servieren.

Anregung zum Servieren: Servieren Sie das Sandwich mit Ihrer Lieblingssauce als Beilage.

Variations-Tipp: Sie können auch eine Schicht Ihrer Lieblingssauce auf die Füllung geben.

Nährwertangaben pro Portion:

Kalorien 237 | Fett 19g | Natrium 518mg | Kohlenhydrate 7g | Ballaststoffe 1,5g | Zucker 3,4g | Protein 12g

Herzhaftes Forager Sandwich

Vorbereitungszeit: 15 Minuten.

Kochzeit: 15 Minuten.

Dient: 4

Zutaten:

Marinierte Champignons

- ½ Schalotte, in Scheiben geschnitten
- 1 Zweig Thymian
- 4 Unzen Königstrompetenpilze, in Scheiben geschnitten
- ¼ Tasse Olivenöl
- ¼ Tasse Weißweinessig
- 1½ Teelöffel koscheres Salz

Sautierter Grünkohl

- 2 Esslöffel Olivenöl
- 1 mittelgroße Zwiebel, gewürfelt
- 2 Knoblauchzehen, gehackt
- 2 große Bündel Grünkohl, gehackt
- ½ Teelöffel zerstoßene rote Pfefferflocken
- Salz und schwarzer Pfeffer, nach Geschmack

Mayonnaise mit Pilzen

- ¼ Tasse getrocknete Pilze
- ½ Schalotte, gewürfelt
- ½ Tasse Mayonnaise
- 1 Esslöffel frischer Zitronensaft
- 1 Teelöffel Rosmarin, gehackt
- Salz und schwarzer Pfeffer, nach Geschmack

Montage

- 2 Esslöffel Olivenöl
- 1 Esslöffel ungesalzene Butter
- 4 große Eier
- 4 englische Muffins, geteilt
- 4 Scheiben Schweizer Käse
- 4 Teelöffel scharfe grüne Chilisauce

Vorbereitung:

1. Alle Zutaten für die marinierten Pilze in einer Schüssel mischen, abdecken und für mindestens 1 Stunde in den Kühlschrank stellen.
2. Die marinierten Pilze 5 Minuten in einer Pfanne anbraten, dann beiseite stellen.
3. Alle sautierten Grünkohlzutaten in eine Pfanne geben und 3 Minuten kochen, dann auf einen Teller geben.
4. Getrocknete Pilze in einer Schüssel 10 Minuten in Wasser einweichen, dann abtropfen lassen und hacken.
5. Die rehydrierten Pilze mit den restlichen Zutaten der Pilzmayonnaise in einer Schüssel vermischen.

6. Heizen Sie Ihren Hamilton Beach Breakfast Sandwich Maker vor, bis die PREHEAT-Anzeige grün leuchtet.
7. Heben Sie die obere Abdeckung, den Ring und die Kochplatte ab.
8. Legen Sie die Hälfte des englischen Muffins mit der Schnittseite nach oben in das untere Fach des Sandwichmakers.
9. ¼ der Pilzmayonnaise, marinierte Pilze und Grünkohl darauf verteilen.
10. Die Eier in einer kleinen Schüssel aufschlagen.
11. Nun die Kochplatte und die oberen Ringe absenken, dann das Ei hineingießen.
12. Eine Käsescheibe und eine weitere obere Muffinhälfte darauf legen und mit Butter bestreichen.
13. Decken Sie die obere Haube ab und lassen Sie das Sandwich 5 Minuten lang garen.
14. Drehen Sie den Griff der Kochplatte im Uhrzeigersinn bis zum Anschlag.
15. Die Haube abnehmen, die Ringe entfernen und das Sandwich auf einen Teller legen.
16. Wiederholen Sie die gleichen Schritte mit den restlichen Muffins und Zutaten.
17. Servieren.

Anregung zum Servieren: Servieren Sie das Sandwich mit einem Brokkolisalat als Beilage.

Variations-Tipp: Fügen Sie eine Schicht würzige Mayo und eingelegtes Gemüse hinzu, um den Geschmack zu verändern.

Nährwertangaben pro Portion:
Kalorien 297 | Fett 15g | Natrium 548mg | Kohlenhydrate 5g | Ballaststoffe 4g | Zucker 1g | Eiweiß 19g

Frittata-Frühstückssandwich mit Olivensalat

Vorbereitungszeit: 15 Minuten.

Kochzeit: 10 Minuten.

Dient: 4

Zutaten:

- ¾ Tasse grüne Oliven, zerkleinert
- ½ Tasse frische Petersilienblätter, gehackt
- 2 Esslöffel Kapern
- 2 Esslöffel rote Zwiebel, gehackt
- ½ Teelöffel zerstoßene rote Pfefferflocken
- ¼ Tasse Olivenöl
- 2 Esslöffel Rotweinessig
- ½ Teelöffel Zucker
- Salz und schwarzer Pfeffer, nach Geschmack
- 8 Brotscheiben, in 4 Zoll runde Scheiben geschnitten
- 8 Eier
- 4 Tassen Grünkohlblätter

Vorbereitung:

1. Rote Zwiebel mit Öl, roten Paprikaflocken, Kapern, schwarzem Pfeffer, Zucker, Salz und Essig in einer Pfanne 5 Minuten lang anbraten.
2. Heizen Sie Ihren Hamilton Beach Breakfast Sandwich Maker vor, bis die PREHEAT-Anzeige grün leuchtet.
3. Heben Sie die obere Abdeckung, den Ring und die Kochplatte ab.
4. Legen Sie eine Brotscheibe in das untere Fach des Sandwichmakers.
5. Die Eier mit der Zwiebelmischung, dem schwarzen Pfeffer und dem Salz in einer kleinen Schüssel verquirlen.
6. Nun die Kochplatte und die oberen Ringe absenken und ⅛ der Eimischung hineingießen.
7. Eine weitere Brotscheibe darauf legen.
8. Decken Sie die obere Haube ab und lassen Sie das Sandwich 5 Minuten lang garen.
9. Drehen Sie den Griff der Kochplatte im Uhrzeigersinn bis zum Anschlag.
10. Die Haube abnehmen, die Ringe entfernen und das Sandwich auf einen Teller legen.
11. Wiederholen Sie die gleichen Schritte mit den restlichen Zutaten.
12. Servieren.

Anregung zum Servieren: Servieren Sie das Sandwich mit knusprigen Süßkartoffelpommes als Beilage.

Variations-Tipp: Fügen Sie eine Schicht eingelegter Zwiebeln hinzu, um den Geschmack zu verändern.

Nährwertangaben pro Portion:

Kalorien 322 | Fett 12g | Natrium 202mg | Kohlenhydrate 24,6g | Ballaststoffe 4g | Zucker 8g | Eiweiß 17,3g

Schinken-Cheddar-Biskuit-Sandwiches

Vorbereitungszeit: 15 Minuten.

Kochzeit: 5 Minuten.

Dient: 8

Zutaten:

- 8 Kekse, halbiert
- 8 Teelöffel Butter
- 8 Esslöffel Konfitüre aus schwarzen Missionsfeigen
- 12 Unzen in Scheiben geschnittener Schinken
- 12 Esslöffel geriebener scharfer Cheddar-Käse
- ½ Tasse Heirloom-Grütze

Vorbereitung:

1. Heizen Sie Ihren Hamilton Beach Breakfast Sandwich Maker vor, bis die PREHEAT-Anzeige grün leuchtet.
2. Heben Sie die obere Abdeckung, den Ring und die Kochplatte ab.
3. Legen Sie die Hälfte des Kekses mit der Schnittfläche nach oben in das untere Fach des Sandwichmakers.
4. 1 Teelöffel Butter und 1 Esslöffel Konfitüre auf die Kekshälfte streichen.
5. Nun die Kochplatte und die oberen Ringe absenken, dann ⅛ des Schinkens, der Grütze und des Käses hinzufügen.
6. Die andere obere Hälfte des Kekses darauf legen.
7. Decken Sie die obere Haube ab und lassen Sie das Sandwich 5 Minuten lang garen.
8. Drehen Sie den Griff der Kochplatte im Uhrzeigersinn bis zum Anschlag.
9. Die Haube abnehmen, die Ringe entfernen und das Sandwich auf einen Teller legen.
10. Verwenden Sie die restlichen Kekse und Zutaten, um weitere Sandwiches auf dieselbe Weise zuzubereiten.
11. Servieren.

Serviervorschlag: Servieren Sie das Sandwich mit knusprigen Pommes frites als Beilage.

Variations-Tipp: Fügen Sie eine Schicht eingelegtes Gemüse hinzu, um den Geschmack zu verändern.

Nährwertangaben pro Portion:

Kalorien 312 | Fett 25g | Natrium 132mg | Kohlenhydrate 4g | Ballaststoffe 3,9g | Zucker 3g | Eiweiß 18,9g

Sandwich mit Ahornwurst und Cheddar-Biskuit

Vorbereitungszeit: 15 Minuten.

Kochzeit: 5 Minuten.

Dient: 1

Zutaten:

- 1 Buttermilchkeks, in Scheiben geschnitten
- 1 Ahorn-Schweinefleischwurstpastete, gekocht
- 1 Scheibe Cheddar-Käse
- 1 großes Ei, verquirlt

Vorbereitung:

1. Heizen Sie Ihren Hamilton Beach Breakfast Sandwich Maker vor.
2. Heben Sie die obere Abdeckung, den Ring und die Kochplatte ab.
3. Legen Sie die Hälfte des Kekses mit der Schnittfläche nach oben in das untere Fach des Sandwichmakers.
4. Die Wurstpastete auf dem Biskuit anrichten und mit der Scheibe Cheddar-Käse belegen.
5. Schieben Sie die Eierschale hinein und gießen Sie das verquirlte Ei hinein.
6. Das Ei mit der anderen oberen Hälfte des Kekses belegen.
7. Decken Sie die obere Haube ab und lassen Sie das Sandwich 5 Minuten lang garen.
8. Nach Beendigung des Garvorgangs drehen Sie den Griff der Kochplatte im Uhrzeigersinn bis zum Anschlag.
9. Die Haube abnehmen, die Ringe entfernen und das Sandwich auf einen Teller legen.
10. Servieren.

Anregung zum Servieren: Servieren Sie das Sandwich mit Ihrer Lieblingssauce als Beilage.

Variations-Tipp: Fügen Sie der Füllung zusätzlich einige getrocknete Kräuter hinzu.

Nährwertangaben pro Portion:

Kalorien 270 | Fett 14,6g | Natrium 394mg | Kohlenhydrate 31,3g | Ballaststoffe 7,5g | Zucker 9,7g | Protein 6,4g

Ahorn French Toast Frühstückssandwich

Vorbereitungszeit: 15 Minuten.

Kochzeit: 5 Minuten.

Dient: 2

Zutaten:

- 2 geschlagene Eier
- ¼ Tasse Milch
- ½ Teelöffel Zimt
- Eine Prise Muskatnuss
- 2 Esslöffel Butter
- 4 Scheiben Weißbrot, in 4-Zoll-Kreise geschnitten

Füllung:

- 4 Scheiben Speck
- 2 Eier, verquirlt
- 4 Esslöffel Ahornsirup

Vorbereitung:

1. Eier, Milch, Zimt und Muskatnuss in einer Schüssel verrühren.
2. Jede Brotscheibe mit der Mischung bestreichen.
3. Heizen Sie Ihren Hamilton Beach Breakfast Sandwich Maker vor.
4. Heben Sie die obere Abdeckung, den Ring und die Kochplatte ab.
5. Eine Brotscheibe mit 1 Esslöffel Butter bestreichen, in den Sandwichmaker legen und mit ½ der Speckstreifen belegen.
6. Nun die Kochplatte und die Deckelringe absenken und ½ der Eier darauf geben.
7. Den anderen Kreis des Brotes darauf legen.
8. Decken Sie die obere Haube ab und lassen Sie das Sandwich 5 Minuten lang garen.
9. Nach Beendigung des Garvorgangs drehen Sie den Griff der Kochplatte im Uhrzeigersinn bis zum Anschlag.
10. Die Haube abnehmen, die Ringe entfernen und das Sandwich auf einen Teller legen.
11. Servieren.

Anregung zum Servieren: Servieren Sie das Sandwich mit knusprigem Speck und Ihrer Lieblingssoße auf der Seite.

Variationstipp: Sie können auch etwas Paprika über die Füllung träufeln.

Nährwertangaben pro Portion:

Kalorien 354; Fett 7,9 g; Natrium 704 mg; Kohlenhydrate 6 g; Ballaststoffe 3,6 g; Zucker 6 g; Eiweiß 18 g

Nährwertangaben pro Portion:

Kalorien 229 | Fett 1,9 | Natrium 567mg | Kohlenhydrate 1,9g | Ballaststoffe 0,4g | Zucker 0,6g | Protein 11,8g

Mayo-Avocado-Gurkensandwich

Vorbereitungszeit: 15 Minuten.

Kochzeit: 5 Minuten.

Dient: 2

Zutaten:

- ¼ Tasse Schnittlauch, gehackt
- ¼ Tasse Mayonnaise
- ¼ Tasse Estragon
- ¼ Tasse griechischer Joghurt
- 1 Zitrone, halbiert
- 2 Esslöffel Olivenöl
- Sat und schwarzer Pfeffer, zum Abschmecken
- ½ Kopf Buttersalat, Blätter zerrissen
- ¼ englische Gurke, in Scheiben geschnitten
- 1 Avocado, in Scheiben geschnitten
- 4 Scheiben körniges Brot, in 4 Zoll große Scheiben geschnitten
- 8 Unzen Mozzarella, in Scheiben geschnitten
- 2 Tassen Alfalfa-Sprossen

Vorbereitung:

1. Joghurt mit Mayonnaise, Estragon, Schnittlauch, schwarzem Pfeffer und Salz verrühren.
2. Heizen Sie Ihren Hamilton Beach Breakfast Sandwich Maker vor, bis die PREHEAT-Anzeige grün leuchtet.
3. Heben Sie die obere Abdeckung, den Ring und die Kochplatte ab.
4. Legen Sie eine Brotscheibe in das untere Fach des Sandwichmakers.
5. Fügen Sie ¼ Salat, Gurke, Avocado und den Rest der Füllung hinzu.
6. Senken Sie nun die Kochplatte und die oberen Ringe ab.
7. Eine weitere Brotscheibe darauf legen und mit Öl bestreichen.
8. Decken Sie die obere Haube ab und lassen Sie das Sandwich 5 Minuten lang garen.
9. Drehen Sie den Griff der Kochplatte im Uhrzeigersinn bis zum Anschlag.
10. Die Haube abnehmen, die Ringe entfernen und das Sandwich auf einen Teller legen.
11. Wiederholen Sie die gleichen Schritte mit den restlichen Zutaten.
12. Servieren.

Anregung zum Servieren: Servieren Sie das Sandwich mit knusprigen Zucchini-Pommes frites als Beilage.

Variationstipp: Sie können der Füllung auch ein Salatblatt hinzufügen.

Nährwertangaben pro Portion:

Kalorien 284 | Fett 7,9g | Natrium 704mg | Kohlenhydrate 6g | Ballaststoffe 3,6g | Zucker 6g | Eiweiß 18g

Wurst- und Waffelsandwich mit Ahornsirup

Vorbereitungszeit: 15 Minuten.

Kochzeit: 5 Minuten.

Dient: 1

Zutaten:

- 2 runde gefrorene Waffeln
- 1 Schweinswurstpatty, gekocht
- 1 großes Ei, verquirlt
- 1 Teelöffel Ahornsirup

Vorbereitung:

1. Heizen Sie Ihren Hamilton Beach Breakfast Sandwich Maker vor.
2. Heben Sie die obere Abdeckung, den Ring und die Kochplatte ab.
3. Eine der Waffeln in den Sandwichmaker legen und mit dem Patty belegen.
4. Nun die Kochplatte und die oberen Ringe herunterlassen, dann das Ei auf die Kochplatte schlagen und mit Ahornsirup beträufeln.
5. Legen Sie die andere obere Waffelhälfte darauf.
6. Decken Sie die obere Haube ab und lassen Sie das Sandwich 5 Minuten lang garen.
7. Nach Beendigung des Garvorgangs drehen Sie den Griff der Kochplatte im Uhrzeigersinn bis zum Anschlag.
8. Die Haube abnehmen, die Ringe entfernen und das Sandwich auf einen Teller legen.
9. Servieren.

Anregung zum Servieren: Servieren Sie das Sandwich mit Ihrer Lieblingssauce als Beilage.

Variationstipp: Sie können auch ein Salatblatt in die Füllung geben.

Nährwertangaben pro Portion:

Kalorien 284 | Fett 7,9g | Natrium 704mg | Kohlenhydrate 38,1g | Ballaststoffe 1,9g | Zucker 1,9g | Protein 14,8g

Muffin mit Schinken und Cheddar

Vorbereitungszeit: 15 Minuten.

Kochzeit: 5 Minuten.

Dient: 1

Zutaten:

- 1 getoasteter englischer Muffin, in Scheiben geschnitten
- 2 Scheiben Delikatessschinken
- 1 Scheibe Cheddar-Käse
- 1 großes Ei, verquirlt

Vorbereitung:

1. Heizen Sie Ihren Hamilton Beach Breakfast Sandwich Maker vor.
2. Heben Sie die obere Abdeckung, den Ring und die Kochplatte ab.
3. Legen Sie die untere Hälfte des Muffins in den Sandwichmaker und belegen Sie sie mit Schinkenscheiben.
4. Nun die Kochplatte und die oberen Ringe absenken, dann das Ei hineingießen.
5. Legen Sie die Käsescheibe und die obere Brötchenhälfte darauf.
6. Decken Sie die obere Haube ab und lassen Sie das Sandwich 5 Minuten lang garen.
7. Nach Beendigung des Garvorgangs drehen Sie den Griff der Kochplatte im Uhrzeigersinn bis zum Anschlag.
8. Die Haube abnehmen, die Ringe entfernen und das Sandwich auf einen Teller legen.
9. Servieren.

Anregung zum Servieren: Servieren Sie das Sandwich mit knusprigem Speck und Ihrer Lieblingssoße auf der Seite.

Variations-Tipp: Geben Sie zusätzlich etwas gemahlenen schwarzen Pfeffer in die Füllung.

Nährwertangaben pro Portion:

Kalorien 307 | Fett 8,6g | Natrium 510mg | Kohlenhydrate 22,2g | Ballaststoffe 1,4g | Zucker 13g | Protein 33,6g

Wurst-Muffin-Sandwich

Vorbereitungszeit: 15 Minuten.
Kochzeit: 5 Minuten.
Reicht für: 1

Zutaten:

- 1 Esslöffel ungesalzene Butter
- 1 englischer Muffin, geteilt
- 1 Frühstückswurstpatty, gekocht
- 2 Scheiben amerikanischer Käse
- 2 große Eier, verquirlt
- Salz und schwarzer Pfeffer, nach Geschmack
- 1 Handvoll frischer Schnittlauch, gehackt
- Scharfe Sauce und Honig, zum Servieren

Vorbereitung:

1. Eier mit schwarzem Pfeffer, Schnittlauch, Salz, Honig und scharfer Soße in einer Schüssel verquirlen.
2. Heizen Sie Ihren Hamilton Beach Breakfast Sandwich Maker vor, bis die PREHEAT-Anzeige grün leuchtet.
3. Heben Sie die obere Abdeckung, den Ring und die Kochplatte ab.
4. Die Hälfte des englischen Muffins mit der Schnittfläche nach oben in das untere Fach des Sandwichmakers legen. Mit Butter bepinseln.
5. Wurstpastete darauf legen.
6. Nun die Kochplatte und die oberen Ringe absenken, dann das Ei hineingießen.
7. Legen Sie eine Käsescheibe und die andere obere Hälfte des Muffins darauf.
8. Decken Sie die obere Haube ab und lassen Sie das Sandwich 5 Minuten lang garen.
9. Drehen Sie den Griff der Kochplatte im Uhrzeigersinn bis zum Anschlag.
10. Die Haube abnehmen, die Ringe entfernen und das Sandwich auf einen Teller legen.
11. Servieren.

Anregung zum Servieren: Servieren Sie das Sandwich mit knusprigen Karottenchips als Beilage.

Variations-Tipp: Fügen Sie eine Schicht in Scheiben geschnittene Paprika hinzu, um den Geschmack zu verändern.

Nährwertangaben pro Portion:

Kalorien 375 | Fett 16g | Natrium 255mg | Kohlenhydrate 4,1g | Ballaststoffe 1,2g | Zucker 5g | Eiweiß 24,1g

Kapitel 2: Eier-Frühstücks-Sandwich-Rezepte

Muffin-Sandwich mit Ei und Bohnen

Vorbereitungszeit: 15 Minuten.

Kochzeit: 5 Minuten.

Dient: 2

Zutaten:

- 2 englische Muffins
- 1 Unze geriebener mexikanischer Käse
- 2 Esslöffel gebratene Bohnen
- 1 großes Ei
- 1 Esslöffel geschnittene grüne Zwiebel

Vorbereitung:

1. Heizen Sie Ihren Hamilton Beach Breakfast Sandwich Maker vor.
2. Heben Sie die obere Abdeckung, den Ring und die Kochplatte ab.
3. Legen Sie die untere Hälfte des Muffins in den Sandwichmaker und belegen Sie sie mit ½ der gebratenen Bohnen und dem Käse.
4. Nun die Kochplatte und die oberen Ringe absenken, dann ½ des Eies hineingießen.
5. Grüne Zwiebeln und die andere obere Hälfte des Muffins darauf geben.
6. Decken Sie die obere Haube ab und lassen Sie das Sandwich 5 Minuten lang garen.
7. Nach Beendigung des Garvorgangs drehen Sie den Griff der Kochplatte im Uhrzeigersinn bis zum Anschlag.
8. Die Haube abnehmen, die Ringe entfernen und das Sandwich auf einen Teller legen.
9. Wiederholen Sie diese Schritte mit den restlichen Zutaten.
10. Servieren.

Anregung zum Servieren: Servieren Sie das Sandwich mit Krautsalat und Ihrer Lieblingssauce dazu.

Variationstipp: Sie können auch etwas Paprika über die Füllung träufeln.

Nährwertangaben pro Portion:

Kalorien 351 | Fett 16g | Natrium 777mg | Kohlenhydrate 26g | Ballaststoffe 4g | Zucker 5g | Protein 28g

Sandwich mit Ei und Selleriesalat

Vorbereitungszeit: 15 Minuten.

Kochzeit: 5 Minuten.

Reicht für: 1

Zutaten:

- 1 hartgekochtes großes Ei, geschält und gewürfelt
- 2 Esslöffel Mayonnaise, nach Geschmack
- 2 Esslöffel gehackter Staudensellerie
- 1 Esslöffel gehackte grüne Zwiebel oder Schnittlauch
- 1 Prise Currypulver
- Salz und schwarzer Pfeffer nach Geschmack
- 1 Kopfsalatblatt
- 2 Weißbrotscheiben, in 4 Zoll runde Scheiben geschnitten

Vorbereitung:

1. Mayonnaise mit Sellerie, Frühlingszwiebeln, Currypulver, schwarzem Pfeffer und Salz in einer Schüssel vermischen.
2. Heizen Sie Ihren Hamilton Beach Breakfast Sandwich Maker vor, bis die PREHEAT-Anzeige grün leuchtet.
3. Heben Sie die obere Abdeckung, den Ring und die Kochplatte ab.
4. Legen Sie eine Brotscheibe in das untere Fach des Sandwichmakers.
5. Die Mayonnaise-Mischung, das Salatblatt und die gehackten Eier darauf verteilen.
6. Senken Sie nun die Kochplatte und die oberen Ringe ab.
7. Die andere Brotscheibe darauf legen.
8. Decken Sie die obere Haube ab und lassen Sie das Sandwich 5 Minuten lang garen.
9. Drehen Sie den Griff der Kochplatte im Uhrzeigersinn bis zum Anschlag.
10. Die Haube abnehmen, die Ringe entfernen und das Sandwich auf einen Teller legen.
11. Servieren.

Anregung zum Servieren: Servieren Sie das Sandwich mit knusprigem Speck und Ihrer Lieblingssoße auf der Seite.

Variations-Tipp: Fügen Sie eine Schicht würzige Mayo und eingelegtes Gemüse hinzu, um den Geschmack zu verändern.

Nährwertangaben pro Portion:

Kalorien 388 | Fett 8g | Natrium 611mg | Kohlenhydrate 8g | Ballaststoffe 0g | Zucker 4g | Eiweiß 13g

Authentisches japanisches Eiersandwich

Vorbereitungszeit: 15 Minuten.
Kochzeit: 5 Minuten.
Reicht für: 1

Zutaten:

- 2 Scheiben Sandwichbrot, in 4 Zoll runde Scheiben geschnitten
- 3 mittelgroße gekochte Eier, geschält, püriert
- 1 ½ Esslöffel japanische Mayonnaise
- ¼ Teelöffel Dijon-Senf
- ⅛ Teelöffel weißer Pfeffer
- ⅛ Teelöffel Zwiebelpulver
- 1 Prise Salz

Vorbereitung:

1. Mayonnaise, Senf, weißer Pfeffer, Zwiebelpulver und Salz in einer Schüssel verrühren.
2. Die pürierten Eier unterrühren, dann gut mischen.
3. Heizen Sie Ihren Hamilton Beach Breakfast Sandwich Maker vor, bis die PREHEAT-Anzeige grün leuchtet.
4. Heben Sie die obere Abdeckung, den Ring und die Kochplatte ab.
5. Legen Sie eine Brotscheibe in das untere Fach des Sandwichmakers.
6. Die Eimischung auf dem Brot verteilen.
7. Senken Sie nun die Kochplatte und die oberen Ringe ab.
8. Eine Brotscheibe darauf legen.
9. Decken Sie die obere Haube ab und lassen Sie das Sandwich 5 Minuten lang garen.
10. Drehen Sie den Griff der Kochplatte im Uhrzeigersinn bis zum Anschlag.
11. Die Haube abnehmen, die Ringe entfernen und das Sandwich auf einen Teller legen.
12. Servieren.

Anregung zum Servieren: Servieren Sie das Sandwich mit knusprigen Zucchini-Pommes frites als Beilage.

Variationstipp: Sie können auch ein Salatblatt in die Füllung geben.

Nährwertangaben pro Portion:

Kalorien 352 | Fett 2,4g | Natrium 216mg | Kohlenhydrate 6g | Ballaststoffe 2,3g | Zucker 1,2g | Protein 27g

Eier-Parmesan-Muffin mit Marinara

Vorbereitungszeit: 15 Minuten.

Kochzeit: 5 Minuten.

Dient: 1

Zutaten:

- 1 englischer Muffin (am besten Vollkorn), geteilt
- 1 großes Ei, verquirlt
- ⅛ Tasse Parmesankäse
- ¼ Tasse Marinara-Sauce

Vorbereitung:

1. Heizen Sie Ihren Hamilton Beach Breakfast Sandwich Maker vor.
2. Heben Sie die obere Abdeckung, den Ring und die Kochplatte ab.
3. Die untere Hälfte des Muffins in den Sandwichmaker legen und mit der Sauce bestreichen.
4. Die Tasse Parmesankäse über die Sauce streuen.
5. Nun die Kochplatte und die oberen Ringe absenken, dann das Ei hineingießen.
6. Eine weitere Muffinhälfte auflegen.
7. Decken Sie die obere Haube ab und lassen Sie das Sandwich 5 Minuten lang garen.
8. Nach Beendigung des Garvorgangs drehen Sie den Griff der Kochplatte im Uhrzeigersinn bis zum Anschlag.
9. Die Haube abnehmen, die Ringe entfernen und das Sandwich auf einen Teller legen.
10. Servieren.

Anregung zum Servieren: Servieren Sie das Sandwich mit Ihrer Lieblingssauce als Beilage.

Variations-Tipp: Sie können auch eine Schicht Ihrer Lieblingssauce auf die Füllung geben.

Nährwertangaben pro Portion:

Kalorien 351 | Fett 11g | Natrium 150mg | Kohlenhydrate 3,3g | Ballaststoffe 0,2g | Zucker 1g | Protein 33,2g

Torta aus Chorizo und Ei mit Avocado

Vorbereitungszeit: 15 Minuten.
Kochzeit: 5 Minuten.
Dient: 4

Zutaten:

- 1 rundes Fladenbrot, in Scheiben geschnitten, in 4-Zoll-Kreis geschnitten
- 1 Chorizo-Wurstpastete, gekocht
- ½ Avocado, gewaschen, entkernt und in Scheiben geschnitten
- 2 Unzen Monterey Jack, zerkleinert
- 1 Esslöffel Feta-Käse oder Queso Fresco, zerbröckelt
- 1 großes Ei

Vorbereitung:

1. Heizen Sie Ihren Hamilton Beach Breakfast Sandwich Maker vor.
2. Heben Sie die obere Abdeckung, den Ring und die Kochplatte ab.
3. Legen Sie eine Brotscheibe in den Sandwichmaker und legen Sie den Käse darauf.
4. Nun die Kochplatte und die oberen Ringe absenken und ¼ der restlichen Füllung hineingeben.
5. Eine weitere Brotscheibe darauf legen.
6. Decken Sie die obere Haube ab und lassen Sie das Sandwich 5 Minuten lang garen.
7. Nach Beendigung des Garvorgangs drehen Sie den Griff der Kochplatte im Uhrzeigersinn bis zum Anschlag.
8. Die Haube abnehmen, die Ringe entfernen und das Sandwich auf einen Teller legen.
9. Wiederholen Sie diese Schritte mit den restlichen Zutaten.
10. Servieren.

Anregung zum Servieren: Servieren Sie das Sandwich mit Ihrer Lieblingssauce als Beilage.

Variationstipp: Sie können der Füllung auch ein Salatblatt hinzufügen.

Nährwertangaben pro Portion:

Kalorien 374 | Fett 13g | Natrium 552mg | Kohlenhydrate 25g | Ballaststoffe 1,2g | Zucker 1,2g | Protein 37,7g

Spiegelei und Käsesandwich

Vorbereitungszeit: 15 Minuten.

Kochzeit: 15 Minuten.

Dient: 4

Zutaten:

- 2 Teelöffel Butter
- 4 Eier
- 4 Scheiben amerikanischer Schmelzkäse
- 8 Scheiben Weißbrot, in 4 Zoll runde Scheiben geschnitten
- Salz und Pfeffer nach Geschmack
- 2 Esslöffel Mayonnaise
- 2 Esslöffel Ketchup

Vorbereitung:

1. Butter in einer geeigneten Pfanne zerlassen, ein Ei aufschlagen und braten, bis es stockt.
2. Das Ei auf einen Teller geben und weitere Eier auf die gleiche Weise braten.
3. Mayonnaise mit Ketchup, schwarzem Pfeffer und Salz in einer Schüssel verrühren.
4. Heizen Sie Ihren Hamilton Beach Breakfast Sandwich Maker vor, bis die PREHEAT-Anzeige grün leuchtet.
5. Heben Sie die obere Abdeckung, den Ring und die Kochplatte ab.
6. Legen Sie eine Brotscheibe in das untere Fach des Sandwichmakers und geben Sie ein ¼ der Mayonnaise darauf.
7. Nun die Kochplatte und die oberen Ringe absenken und ein Spiegelei darauf legen.
8. Die andere Brotscheibe darauf legen.
9. Decken Sie die obere Haube ab und lassen Sie das Sandwich 5 Minuten lang garen.
10. Drehen Sie den Griff der Kochplatte im Uhrzeigersinn bis zum Anschlag.
11. Die Haube abnehmen, die Ringe entfernen und das Sandwich auf einen Teller legen.
12. Machen Sie weitere Sandwiches auf die gleiche Weise.
13. Servieren.

Anregung zum Servieren: Servieren Sie das Sandwich mit einem Blumenkohl-Speck-Salat als Beilage.

Variations-Tipp: Genießen Sie sautiertes Gemüse als Beilage, um den Geschmack zu verändern.

Nährwertangaben pro Portion:

Kalorien 429 | Fett 17g | Natrium 422mg | Kohlenhydrate 5g | Ballaststoffe 0g | Zucker 1g | Protein 41g

Sandwiches mit Ei und grünen Erbsen

Vorbereitungszeit: 15 Minuten.

Kochzeit: 5 Minuten.

Dient: 2

Zutaten:

- 2 Tassen gehacktes Senfgras
- ¼ Tasse geröstetes Walnussöl
- 2 Esslöffel Apfelessig
- ¾ Teelöffel schwarzer Pfeffer
- ¼ Teelöffel Salz
- 6 Unzen gefrorene grüne Erbsen, aufgetaut
- 1 ½ Unzen Parmigiano-Reggiano-Käse, gerieben
- 1 Esslöffel Olivenöl
- 4 große, geschlagene Eier
- 4 Scheiben Mehrkornbrot, in 4 Zoll große Scheiben geschnitten

Vorbereitung:

1. Grünzeug, Öl, Apfelessig, schwarzer Pfeffer, Salz und Erbsen in einer Küchenmaschine pürieren, bis alles glatt ist.
2. Heizen Sie Ihren Hamilton Beach Breakfast Sandwich Maker vor, bis die PREHEAT-Anzeige grün leuchtet.
3. Heben Sie die obere Abdeckung, den Ring und die Kochplatte ab.
4. Legen Sie eine Brotscheibe in das untere Fach des Sandwichmakers.
5. ½ des Öls und das Pesto darauf verteilen.
6. Nun die Kochplatte und die oberen Ringe herunterlassen, dann ½ des Eies hineingießen und den Käse hinzufügen.
7. Eine weitere Brotscheibe darauf legen.
8. Decken Sie die obere Haube ab und lassen Sie das Sandwich 5 Minuten lang garen.
9. Drehen Sie den Griff der Kochplatte im Uhrzeigersinn bis zum Anschlag.
10. Die Haube abnehmen, die Ringe entfernen und das Sandwich auf einen Teller legen.
11. Wiederholen Sie die gleichen Schritte mit den restlichen Zutaten.
12. Servieren.

Anregung zum Servieren: Servieren Sie das Sandwich mit einem Brokkolisalat als Beilage.

Variations-Tipp: Fügen Sie eine Schicht eingelegter Zwiebeln hinzu, um den Geschmack zu verändern.

Nährwertangaben pro Portion:

Kalorien 301 | Fett 16g | Natrium 412mg | Kohlenhydrate 3g | Ballaststoffe 0,2g | Zucker 1g | Eiweiß 28,2g

Dijon-Ei-Prosciutto-Muffin-Sandwich

Vorbereitungszeit: 15 Minuten.

Kochzeit: 5 Minuten.

Dient: 1

Zutaten:

- 1 englischer Muffin
- 3 Scheiben Prosciutto, in Scheiben geschnitten
- 3 Spargelstangen, gebraten
- 1 Teelöffel Olivenöl
- 2 Esslöffel griechischer Joghurt, nicht aromatisiert
- 1 Teelöffel halb und halb oder Milch
- 1 Teelöffel Dijon-Senf
- ⅛ Teelöffel Zitronensaft
- Meersalz
- Schnittlauch, geschnippelt
- 1 Ei

Vorbereitung:

1. Joghurt, Senf und Zitronensaft in einer kleinen Tasse vermengen. Beiseite stellen.
2. Heizen Sie Ihren Hamilton Beach Breakfast Sandwich Maker vor.
3. Heben Sie die obere Abdeckung, den Ring und die Kochplatte ab.
4. Die untere Hälfte des Muffins in den Sandwichmaker legen, dann Spargel und Prosciutto hinzufügen.
5. Nun die Kochplatte und die oberen Ringe absenken, dann das Ei hineingießen.
6. Mit Schnittlauch bestreuen.
7. Joghurtmischung über das obere Ei träufeln.
8. Die andere obere Hälfte des Muffins darauf legen.
9. Decken Sie die obere Haube ab und lassen Sie das Sandwich 5 Minuten lang garen.
10. Nach Beendigung des Garvorgangs drehen Sie den Griff der Kochplatte im Uhrzeigersinn bis zum Anschlag.
11. Die Haube abnehmen, die Ringe entfernen und das Sandwich auf einen Teller legen.
12. Servieren.

Anregung zum Servieren: Servieren Sie das Sandwich mit Ihrer Lieblingssauce als Beilage.

Variationstipp: Sie können auch einen Spritzer Zitronensaft über die Füllung geben.

Nährwertangaben pro Portion:

Kalorien 346 | Fett 16,1g | Natrium 882mg | Kohlenhydrate 1,3g | Ballaststoffe 0,5g | Zucker 0,5g | Protein 48,2g

Sandwich mit Spinat, Eiern und Schinken

Vorbereitungszeit: 15 Minuten.

Kochzeit: 5 Minuten.

Dient: 1

Zutaten:

- 1 englischer Muffin
- ½ Tasse Babyspinat, gewaschen und zerkleinert
- 1 Teelöffel Olivenöl
- 1 Scheibe Cheddarkäse
- 1 Scheibe Schinken
- 1 Ei
- Frisches Basilikum (wahlweise)

Vorbereitung:

1. In einer kleinen Sauteuse Olivenöl erhitzen. Spinat hinzufügen und sautieren, bis er gerade weich wird. Vom Herd nehmen.
2. In einer kleinen Schüssel Spinat und Ei mit einer Gabel vermengen.
3. Heizen Sie Ihren Hamilton Beach Breakfast Sandwich Maker vor.
4. Heben Sie die obere Abdeckung, den Ring und die Kochplatte ab.
5. Legen Sie die untere Hälfte des Muffins in den Sandwichmaker und belegen Sie sie mit Käse und Schinken.
6. Nun die Kochplatte und die oberen Ringe absenken und das Ei hineingießen.
7. Die andere obere Hälfte des Muffins darauf legen.
8. Decken Sie die obere Haube ab und lassen Sie das Sandwich 5 Minuten lang garen.
9. Nach Beendigung des Garvorgangs drehen Sie den Griff der Kochplatte im Uhrzeigersinn bis zum Anschlag.
10. Die Haube abnehmen, die Ringe entfernen und das Sandwich auf einen Teller legen.
11. Servieren.

Anregung zum Servieren: Servieren Sie das Sandwich mit knusprigem Speck und Ihrer Lieblingssoße auf der Seite.

Variationstipp: Sie können auch ein Salatblatt in die Füllung geben.

Nährwertangaben pro Portion:

Kalorien 502 | Fett 25g | Natrium 230mg | Kohlenhydrate 1,5g | Ballaststoffe 0,2g | Zucker 0,4g | Protein 64,1g

Gekochtes Ei, Salat, Muffin

Vorbereitungszeit: 15 Minuten.

Kochzeit: 5 Minuten.

Dient: 1

Zutaten:

- 2 englische Vollkornmuffins, geteilt
- ¼ Tasse griechischer Joghurt
- 1 Teelöffel Meerrettich
- 2 Teelöffel Honig
- 2 Teelöffel Dijon-Senf
- Schwarzer Pfeffer nach Geschmack
- Salz nach Geschmack
- 3 hartgekochte Eier, grob zerkleinert
- ⅓ Tasse Pepper-Jack-Käse, zerkleinert

Vorbereitung:

1. Griechischen Joghurt, Meerrettich, Honig, Dijon-Senf, Pfeffer, Salz und hart gekochte Eier in einer Schüssel vermengen. Umrühren, bis alles gut vermischt ist.
2. Heizen Sie Ihren Hamilton Beach Breakfast Sandwich Maker vor.
3. Heben Sie die obere Abdeckung, den Ring und die Kochplatte ab.
4. Legen Sie eine Brotscheibe in den Sandwichmaker.
5. Legen Sie den Käse auf den Boden des englischen Muffins.
6. Dann die Eiersalatmischung auf den Käse geben.
7. Senken Sie nun die Kochplatte und die oberen Ringe ab.
8. Eine weitere Muffinhälfte auflegen.
9. Decken Sie die obere Haube ab und lassen Sie das Sandwich 5 Minuten lang garen.
10. Nach Beendigung des Garvorgangs drehen Sie den Griff der Kochplatte im Uhrzeigersinn bis zum Anschlag.
11. Die Haube abnehmen, die Ringe entfernen und das Sandwich auf einen Teller legen.
12. Den Vorgang mit den restlichen Zutaten wiederholen.
13. Servieren.

Anregung zum Servieren: Servieren Sie das Sandwich mit Krautsalat und Ihrer Lieblingssoße auf der Seite.

Variations-Tipp: Fügen Sie der Füllung zusätzlich einige getrocknete Kräuter hinzu.

Nährwertangaben pro Portion:

Kalorien 400 | Fett 32g | Natrium 721mg | Kohlenhydrate 2,6g | Ballaststoffe 0g | Zucker 0g | Eiweiß 27,4g

Sandwich mit Ei und Sardellen

Vorbereitungszeit: 15 Minuten.

Kochzeit: 15 Minuten.

Dient: 4

Zutaten:

- 1 große Schalotte, gewürfelt
- 1 Knoblauchzehe, gehackt
- 1 ½ Teelöffel gemahlener Koriander
- 1 ½ Teelöffel frisch gemahlene Fenchelsamen
- 1 Esslöffel hellbrauner Zucker
- 1 Sardellenfilet
- 2 Esslöffel Zitronensaft
- 10 Unzen Tomatenmark aus der Dose oder aus der Packung
- 1 Teelöffel getrockneter Oregano
- 1 Teelöffel Salz
- schwarzer Pfeffer, nach Geschmack
- 8 Eier, verquirlt
- 8 Scheiben scharfer Cheddar-Käse
- 8 Scheiben Speck, gekocht
- 4 Hamburgerbrötchen, halbiert

Vorbereitung:

1. Schalotte und Knoblauch in einer Pfanne mit Öl 3 Minuten lang anbraten.
2. Koriander, Fenchelsamen, braunen Zucker, Sardellenfilet, Zitronensaft, Tomatenpüree, Oregano, schwarzen Pfeffer und Salz unterrühren.
3. Gut mischen und 7 Minuten bei schwacher Hitze unter gelegentlichem Rühren kochen.
4. Eier mit schwarzem Pfeffer und Salz in eine Schüssel schlagen.
5. Heizen Sie Ihren Hamilton Beach Breakfast Sandwich Maker vor, bis die PREHEAT-Anzeige grün leuchtet.
6. Heben Sie die obere Abdeckung, den Ring und die Kochplatte ab.
7. Legen Sie eine Brotscheibe in das untere Fach des Sandwichmakers.
8. Mit ¼ der Tomatenmarmelade bestreichen.
9. Nun die Kochplatte und die oberen Ringe absenken und ¼ der Eimischung hineingießen.
10. Eine Scheibe Cheddar-Käse, eine Scheibe Speck und eine weitere Brotscheibe darauf legen.
11. Decken Sie die obere Haube ab und lassen Sie das Sandwich 5 Minuten lang garen.
12. Drehen Sie den Griff der Kochplatte im Uhrzeigersinn bis zum Anschlag.
13. Die Haube abnehmen, die Ringe entfernen und das Sandwich auf einen Teller legen.
14. Wiederholen Sie die gleichen Schritte mit den restlichen Zutaten.
15. Servieren.

Anregung zum Servieren: Servieren Sie das Sandwich mit knusprigem Speck und Ihrer Lieblingssoße auf der Seite.

Variations-Tipp: Fügen Sie eine Schicht eingelegtes Gemüse hinzu, um den Geschmack zu verändern.

Nährwertangaben pro Portion:

Kalorien 405 | Fett 20g | Natrium 941mg | Kohlenhydrate 6,1g | Ballaststoffe 0,9g | Zucker 0,9g | Protein 45,2g

Kapitel 3: Rezepte für Fisch und Meeresfrüchte

Burger mit Thunfisch und Semmelbrösel

Vorbereitungszeit: 15 Minuten.

Kochzeit: 11 Minuten.

Dient: 4

Zutaten:

- 2 Tassen Thunfischflocken
- 1 Ei, verquirlt
- ½ Tasse Semmelbrösel
- 1 rote Zwiebel, gehackt
- 1 Esslöffel Staudensellerie, gehackt

Sandwich

- 8 Scheiben Vollkornbrot, in 4-Zoll-Kreise geschnitten
- 4 Esslöffel Mayonnaise

Vorbereitung:

1. Die Zutaten für die Pattys in einer Schüssel mischen.
2. Zu Pastetchen formen.
3. In einer Pfanne bei mittlerer Hitze 2 bis 3 Minuten pro Seite braten.
4. Heizen Sie Ihren Hamilton Beach Breakfast Sandwich Maker vor.
5. Heben Sie die obere Abdeckung, den Ring und die Kochplatte ab.
6. Legen Sie eine Brotscheibe in den Sandwichmaker und bestreichen Sie sie mit ¼ Mayonnaise.
7. Nun die Kochplatte und die oberen Ringe absenken und eine Frikadelle hineinlegen.
8. Geben Sie ¼ der restlichen Füllung und den anderen Brotkreis darauf.
9. Decken Sie die obere Haube ab und lassen Sie das Sandwich 5 Minuten lang garen.
10. Nach Beendigung des Garvorgangs drehen Sie den Griff der Kochplatte im Uhrzeigersinn bis zum Anschlag.
11. Die Haube abnehmen, die Ringe entfernen und das Sandwich auf einen Teller legen.
12. Wiederholen Sie diese Schritte mit den restlichen Zutaten.
13. Servieren.

Anregung zum Servieren: Servieren Sie das Sandwich mit Ihrer Lieblingssauce als Beilage.

Variations-Tipp: Geben Sie zusätzlich etwas gemahlenen schwarzen Pfeffer in die Füllung.

Nährwertangaben pro Portion:

Kalorien 437 | Fett 28g | Natrium 1221mg | Kohlenhydrate 22,3g | Ballaststoffe 0,9g | Zucker 8g | Protein 30,3g

Zitronengarnelen-Kabeljau-Burger

Vorbereitungszeit: 15 Minuten.

Kochzeit: 15 Minuten.

Dient: 4

Zutaten:

- 12 Unzen mittelgroße Garnelen, geschält, entdarmt und in kleine Stücke geschnitten
- 8 Unzen Kabeljau, in Würfel geschnitten
- ¾ Tasse frische Semmelbrösel
- ¼ Tasse abgetropfte Kapern, abgespült
- 2 mittelgroße Frühlingszwiebeln, in Scheiben geschnitten
- 3 Esslöffel gehackte Petersilie
- ¼ Tasse Zitronensaft
- 1 ¼ Teelöffel Salz
- 3/4 Teelöffel schwarzer Pfeffer
- Pflanzenöl, zum Einpinseln
- 4 Hamburgerbrötchen, halbiert

Vorbereitung:

1. Krabben, Kabeljau, Brösel, Kapern, Frühlingszwiebeln, Petersilie, Zitronensaft, schwarzen Pfeffer und Salz in der Küchenmaschine 1 Minute lang mixen.
2. Aus dieser Mischung 4 Patties formen und in einer mit Öl gefetteten Pfanne 5 Minuten pro Seite anbraten.
3. Heizen Sie Ihren Hamilton Beach Breakfast Sandwich Maker vor, bis die PREHEAT-Anzeige grün leuchtet.
4. Heben Sie die obere Abdeckung, den Ring und die Kochplatte ab.
5. Legen Sie eine Brötchenhälfte mit der Schnittfläche nach oben in das untere Fach des Sandwichmakers.
6. Senken Sie nun die Kochplatte und die oberen Ringe ab.
7. Legen Sie eine Frikadelle, ein Salatblatt und die andere Brötchenhälfte darauf.
8. Die Haube abdecken und den Burger 5 Minuten garen lassen.
9. Drehen Sie den Griff der Kochplatte im Uhrzeigersinn bis zum Anschlag.
10. Die Haube abnehmen, die Ringe entfernen und den Burger auf einen Teller legen.
11. Wiederholen Sie die gleichen Schritte mit den restlichen Zutaten.
12. Servieren.

Anregung zum Servieren: Servieren Sie das Sandwich mit knusprigen Pommes frites als Beilage.

Variations-Tipp: Fügen Sie eine Schicht würzige Mayo und eingelegtes Gemüse hinzu, um den Geschmack zu verändern.

Nährwertangaben pro Portion:

Kalorien 325 | Fett 16g | Natrium 431mg | Kohlenhydrate 2g | Ballaststoffe 1,2g | Zucker 4g | Eiweiß 23g

Geschwärztes Fischsandwich

Vorbereitungszeit: 15 Minuten.
Kochzeit: 13 Minuten.
Dient: 2

Zutaten:

- 2 Lachsfilets
- 2 Teelöffel Schwärzungsgewürz
- 4 ganze Brotscheiben, in 4-Zoll-Kreise geschnitten
- 4 Esslöffel Mayonnaise
- 1 rote Zwiebel, in dünne Scheiben geschnitten

Vorbereitung:

1. Heizen Sie Ihren Grill auf mittlere Hitze vor.
2. Den Lachs mit dem Schwärzungsgewürz bestreuen.
3. Den Lachs 3 bis 4 Minuten pro Seite grillen.
4. Heizen Sie Ihren Hamilton Beach Breakfast Sandwich Maker vor.
5. Heben Sie die obere Abdeckung, den Ring und die Kochplatte ab.
6. Brotscheiben hineinlegen.
7. Mit ½ der Mayonnaise bestreichen.
8. Mit ½ des gegrillten Lachses und Zwiebelscheiben belegen.
9. Senken Sie nun die Kochplatte und die oberen Ringe ab.
10. Den anderen Kreis des Brotes darauf legen.
11. Decken Sie die obere Haube ab und lassen Sie das Sandwich 5 Minuten lang garen.
12. Nach Beendigung des Garvorgangs drehen Sie den Griff der Kochplatte im Uhrzeigersinn bis zum Anschlag.
13. Die Haube abnehmen, die Ringe entfernen und das Sandwich auf einen Teller legen.
14. Wiederholen Sie diese Schritte mit den restlichen Zutaten.
15. Servieren.

Anregung zum Servieren: Servieren Sie das Sandwich mit Ihrer Lieblingssauce als Beilage.

Variations-Tipp: Fügen Sie der Füllung zusätzlich einige getrocknete Kräuter hinzu.

Nährwertangaben pro Portion:

Kalorien 374 | Fett 25g | Natrium 275mg | Kohlenhydrate 7,3g | Ballaststoffe 0g | Zucker 6g | Eiweiß 12,3g

Sandwich mit Zitronenlachs und Karotten

Vorbereitungszeit: 15 Minuten.

Kochzeit: 5 Minuten.

Dient: 2

Zutaten:

- 1 Tasse Lachsflocken
- ¼ Tasse Frischkäse
- 1 Esslöffel Mayonnaise
- 1 Esslöffel Zitronensaft
- 2 Esslöffel Staudensellerie, gehackt
- 2 Esslöffel Karotte, geraspelt
- 1 Teelöffel Dillkraut
- Salz und schwarzer Pfeffer nach Geschmack
- 2 Burgerbrötchen, in zwei Hälften geteilt

Vorbereitung:

1. Alle Zutaten außer den Burgerbrötchen miteinander vermengen.
2. Heizen Sie Ihren Hamilton Beach Breakfast Sandwich Maker vor.
3. Heben Sie die obere Abdeckung, den Ring und die Kochplatte ab.
4. Burgerböden hineinlegen.
5. Mit ½ der Lachsmischung bestreichen.
6. Senken Sie nun die Kochplatte und die oberen Ringe ab.
7. Die andere obere Brötchenhälfte darauf legen.
8. Decken Sie die obere Haube ab und lassen Sie das Sandwich 5 Minuten lang garen.
9. Nach Beendigung des Garvorgangs drehen Sie den Griff der Kochplatte im Uhrzeigersinn bis zum Anschlag.
10. Die Haube abnehmen, die Ringe entfernen und das Sandwich auf einen Teller legen.
11. Wiederholen Sie diese Schritte mit den restlichen Zutaten.
12. Servieren.

Anregung zum Servieren: Servieren Sie das Sandwich mit Krautsalat und Ihrer Lieblingssoße auf der Seite.

Variationstipp: Sie können auch ein Salatblatt in die Füllung geben.

Nährwertangaben pro Portion:

Kalorien 310 | Fett 17g | Natrium 271mg | Kohlenhydrate 4,3g | Ballaststoffe 0,9g | Zucker 2,1g | Protein 35g

Fisch- und Zwiebelsandwich

Vorbereitungszeit: 15 Minuten.

Kochzeit: 5 Minuten.

Dient: 2

Zutaten:

- 4 tiefgekühlte panierte Fischstreifen
- Kochspray
- 2 Esslöffel Mayonnaise
- 1 Teelöffel süßes Gurkenrelish
- 2 Vollkorn-Burgerbrötchen, halbiert
- 4 Scheiben süße Zwiebel

Vorbereitung:

1. Fischstreifen mit Öl besprühen.
2. In einer Pfanne bei mittlerer Hitze goldgelb und knusprig braten.
3. Mayo und Mixed Pickle Relish in einer Schüssel mischen.
4. Heizen Sie Ihren Hamilton Beach Breakfast Sandwich Maker vor.
5. Heben Sie die obere Abdeckung, den Ring und die Kochplatte ab.
6. Die untere Hälfte des Muffins in den Sandwichmaker legen und ½ der vorbereiteten Füllung darauf geben.
7. Senken Sie nun die Kochplatte und die oberen Ringe ab.
8. Eine weitere Brötchenhälfte darauf legen.
9. Decken Sie die obere Haube ab und lassen Sie das Sandwich 5 Minuten lang garen.
10. Nach Beendigung des Garvorgangs drehen Sie den Griff der Kochplatte im Uhrzeigersinn bis zum Anschlag.
11. Die Haube abnehmen, die Ringe entfernen und das Sandwich auf einen Teller legen.
12. Wiederholen Sie diese Schritte mit den restlichen Zutaten.
13. Servieren.

Anregung zum Servieren: Servieren Sie das Sandwich mit Ihrer Lieblingssauce als Beilage.

Variationstipp: Sie können auch ein Salatblatt in die Füllung geben.

Nährwertangaben pro Portion:

Kalorien 551 | Fett 31g | Natrium 1329mg | Kohlenhydrate 1,5g | Ballaststoffe 0,8g | Zucker 0,4g | Protein 64g

Mayo-Muschel-Mais-Burger

Vorbereitungszeit: 15 Minuten.

Kochzeit: 5 Minuten.

Dient: 6

Zutaten:

- ½ Tasse Mayonnaise
- 3 Esslöffel Ketchup
- 1 Teelöffel Tabasco-Sauce
- Salz und schwarzer Pfeffer, nach Geschmack
- 3 Maiskolben, geschält
- 1 ½ Pfund Jakobsmuscheln, zerkleinert
- 6 weiche Hamburgerbrötchen, geteilt
- 6 Kopfsalatblätter
- 6 dicke Tomatenscheiben
- 12 Scheiben gekochter, dick geschnittener Speck

Vorbereitung:

1. Jakobsmuscheln mit Mais, schwarzem Pfeffer, Tabasco-Sauce, Ketchup und Mayonnaise in einer Schüssel vermengen.
2. Heizen Sie Ihren Hamilton Beach Breakfast Sandwich Maker vor, bis die PREHEAT-Anzeige grün leuchtet.
3. Heben Sie die obere Abdeckung, den Ring und die Kochplatte ab.
4. Legen Sie eine Brötchenhälfte mit der Schnittfläche nach oben in das untere Fach des Sandwichmakers.
5. Ein Salatblatt darauf legen, dann ⅙ der Jakobsmuschelmischung, 1 Salatblatt, eine Tomatenscheibe und 2 Speckscheiben darauf geben.
6. Senken Sie nun die Kochplatte und die oberen Ringe ab.
7. Die andere obere Brötchenhälfte darauf legen.
8. Decken Sie die obere Haube ab und lassen Sie das Sandwich 5 Minuten lang garen.
9. Drehen Sie den Griff der Kochplatte im Uhrzeigersinn bis zum Anschlag.
10. Die Haube abnehmen, die Ringe entfernen und das Sandwich auf einen Teller legen.
11. Wiederholen Sie die gleichen Schritte mit den restlichen Zutaten.
12. Servieren.

Serviervorschlag: Servieren Sie das Sandwich mit knusprigen Pommes frites als Beilage.

Variations-Tipp: Fügen Sie eine Schicht eingelegtes Gemüse hinzu, um den Geschmack zu verändern.

Nährwertangaben pro Portion:

Kalorien 282 | Fett 15g | Natrium 526mg | Kohlenhydrate 20g | Ballaststoffe 0,6g | Zucker 3,3g | Protein 16g

Hummerröllchen mit Basilikum

Vorbereitungszeit: 15 Minuten.

Kochzeit: 5 Minuten.

Dient: 4

Zutaten:

- 1 Esslöffel Butter, erweicht
- 4 englische Muffins, geteilt
- 4 große (leere) Salatblätter
- 1 ½ lbs. gekochtes und gewürfeltes Hummerfleisch
- 2 Esslöffel Mayonnaise
- 1 Teelöffel frischer Limettensaft
- 1 Spritzer scharfe Pfeffersauce
- 2 mittelgroße grüne Zwiebeln, gewürfelt
- 1 Stange Staudensellerie, gewürfelt
- 1 Prise Salz und schwarzer Pfeffer nach Geschmack
- 1 Prise getrocknetes Basilikum

Vorbereitung:

1. Hummerfleisch mit Butter, Mayonnaise, Limettensaft, scharfer Pfeffersauce, grünen Zwiebeln, schwarzem Pfeffer, Salz, Basilikum und Sellerie in einer Schüssel vermengen.
2. Heizen Sie Ihren Hamilton Beach Breakfast Sandwich Maker vor, bis die PREHEAT-Anzeige grün leuchtet.
3. Heben Sie die obere Abdeckung, den Ring und die Kochplatte ab.
4. Legen Sie die Hälfte des englischen Muffins mit der Schnittseite nach oben in das untere Fach des Sandwichmakers.
5. Ein Salatblatt auf den englischen Muffin legen, dann ¼ der Hummermischung darauf geben.
6. Senken Sie nun die Kochplatte und die oberen Ringe ab.
7. Die andere obere Hälfte des Muffins auflegen.
8. Decken Sie die obere Haube ab und lassen Sie das Sandwich 5 Minuten lang garen.
9. Drehen Sie den Griff der Kochplatte im Uhrzeigersinn bis zum Anschlag.
10. Die Haube abnehmen, die Ringe entfernen und das Sandwich auf einen Teller legen.
11. Wiederholen Sie die gleichen Schritte mit den restlichen Zutaten.
12. Servieren.

Anregung zum Servieren: Servieren Sie das Sandwich mit knusprigen Karottenchips als Beilage.

Variations-Tipp: Fügen Sie eine Schicht eingelegter Zwiebeln hinzu, um den Geschmack zu verändern.

Nährwertangaben pro Portion:

Kalorien 380 | Fett 20g | Natrium 686mg | Kohlenhydrate 3g | Ballaststoffe 1g | Zucker 1,2g | Eiweiß 21g

Thunfischfrikadellen mit Oliven

Vorbereitungszeit: 15 Minuten.

Kochzeit: 5 Minuten.

Dient: 4

Zutaten:

- 1 ¼ lbs. frischer Thunfisch, gewürfelt
- 2 Frühlingszwiebeln, in Scheiben geschnitten
- 12 entsteinte Kalamata-Oliven, grob gehackt
- 1 Esslöffel gesalzene Kapern, abgespült und gehackt
- Salz und schwarzer Pfeffer, nach Geschmack
- Olivenöl, zum Einpinseln
- ¼ Tasse Mayonnaise
- 1 ½ Teelöffel Anchovis-Paste
- 4 Brioche-Brötchen, geteilt

Vorbereitung:

1. Thunfischfleisch mit Frühlingszwiebeln, Oliven und Kapern in einer Schüssel mischen.
2. Heizen Sie Ihren Hamilton Beach Breakfast Sandwich Maker vor, bis die PREHEAT-Anzeige grün leuchtet.
3. Heben Sie die obere Abdeckung, den Ring und die Kochplatte ab.
4. Legen Sie eine Brötchenhälfte mit der Schnittfläche nach oben in das untere Fach des Sandwichmakers.
5. ¼ der Mayo, die Sardellenpaste und die Thunfischmischung darüber geben.
6. Die andere obere Brötchenhälfte darauf legen.
7. Senken Sie die obere Platte und den Ring ab.
8. Decken Sie die obere Haube ab und lassen Sie das Sandwich 5 Minuten lang garen.
9. Drehen Sie den Griff der Kochplatte im Uhrzeigersinn bis zum Anschlag.
10. Die Haube abnehmen, die Ringe entfernen und das Sandwich auf einen Teller legen.
11. Wiederholen Sie die gleichen Schritte mit den restlichen Zutaten.
12. Servieren.

Anregung zum Servieren: Servieren Sie das Sandwich mit knusprigen Karottenchips als Beilage.

Variations-Tipp: Fügen Sie eine Schicht würzige Mayo und eingelegtes Gemüse hinzu, um den Geschmack zu verändern.

Nährwertangaben pro Portion:

Kalorien 309 | Fett 25g | Natrium 463mg | Kohlenhydrate 19,9g | Ballaststoffe 0,3g | Zucker 0,3g | Protein 18g

Thai-Thunfisch-Gurken-Burger

Vorbereitungszeit: 15 Minuten.

Kochzeit: 11 Minuten.

Dient: 4

Zutaten:

- 2 Kirby-Gurken, in Scheiben geschnitten
- ¼ mittelgroße rote Zwiebel, in Scheiben geschnitten
- 3 Esslöffel Reisessig
- 1 Teelöffel Zucker
- Salz und schwarzer Pfeffer, nach Geschmack
- 2 Teelöffel frischer Ingwer, gerieben
- 1 Knoblauchzehe, zerdrückt
- 1 Thai- oder Serrano-Chili, entkernt und gehackt
- 2 Esslöffel asiatische Fischsauce
- 2 Esslöffel Koriander, gehackt
- 1 Esslöffel Basilikum, gehackt
- 1 ½ lbs. Thunfisch in Sushi-Qualität
- 1 ½ Esslöffel Pflanzenöl
- 1 ½ Teelöffel asiatisches Sesamöl
- 4 Hamburgerbrötchen, halbiert
- 2 Esslöffel gehackte, trocken geröstete Erdnüsse

Vorbereitung:

1. Thunfisch mit Basilikum, Koriander, Fischsauce, Serrano-Chili, Knoblauch, Ingwer, schwarzem Pfeffer, Zucker, Salz, Reisessig und roten Zwiebeln in einer Schüssel mischen.
2. Aus dieser Mischung 4 Thunfischpatties formen und in einer mit Öl gefetteten Pfanne 3 Minuten pro Seite anbraten.
3. Heizen Sie Ihren Hamilton Beach Breakfast Sandwich Maker vor, bis die PREHEAT-Anzeige grün leuchtet.
4. Heben Sie die obere Abdeckung, den Ring und die Kochplatte ab.
5. Legen Sie eine Brötchenhälfte mit der Schnittfläche nach oben in das untere Fach des Sandwichmakers.
6. Eine angebratene Thunfischpastete und ¼ der Erdnüsse und Gurken darauf anrichten.
7. Senken Sie nun die Kochplatte und die oberen Ringe ab.
8. Die andere obere Brötchenhälfte darauf legen.
9. Decken Sie die obere Haube ab und lassen Sie das Sandwich 5 Minuten lang garen.
10. Drehen Sie den Griff der Kochplatte im Uhrzeigersinn bis zum Anschlag.
11. Die Haube abnehmen, die Ringe entfernen und das Sandwich auf einen Teller legen.
12. Wiederholen Sie die gleichen Schritte mit den restlichen Zutaten.
13. Servieren.

Anregung zum Servieren: Servieren Sie das Sandwich mit einem Brokkolisalat als Beilage.

Variationstipp: Sie können auch ein Salatblatt in die Füllung geben.

Nährwertangaben pro Portion:

Kalorien 392 | Fett 16g | Natrium 466mg | Kohlenhydrate 23,9g | Ballaststoffe 0,9g | Zucker 0,6g | Protein 48g

Mayo-Thunfisch-Käse-Sandwich

Vorbereitungszeit: 15 Minuten.

Kochzeit: 5 Minuten.

Dient: 2

Zutaten:

- 1 Tasse Thunfischflocken
- 4 Esslöffel Mayonnaise
- 1 Esslöffel Staudensellerie, gehackt
- 1 Esslöffel grüne Zwiebel, gehackt
- 2 Burgerbrötchen, geteilt
- 2 Mozzarella-Käse, in Scheiben

Vorbereitung:

1. Alle Zutaten außer Brötchen und Käse mischen.
2. Heizen Sie Ihren Hamilton Beach Breakfast Sandwich Maker vor.
3. Heben Sie die obere Abdeckung, den Ring und die Kochplatte ab.
4. Ein Burgerbrötchen hineinlegen.
5. Mit ½ der Thunfischmischung bestreichen.
6. Mit ½ des Käses belegen.
7. Senken Sie nun die Kochplatte und die oberen Ringe ab.
8. Die andere obere Brötchenhälfte darauf legen.
9. Decken Sie die obere Haube ab und lassen Sie das Sandwich 5 Minuten lang garen.
10. Nach Beendigung des Garvorgangs drehen Sie den Griff der Kochplatte im Uhrzeigersinn bis zum Anschlag.
11. Die Haube abnehmen, die Ringe entfernen und das Sandwich auf einen Teller legen.
12. Wiederholen Sie diese Schritte mit den restlichen Zutaten.
13. Servieren.

Anregung zum Servieren: Servieren Sie das Sandwich mit knusprigem Speck und Ihrer Lieblingssoße auf der Seite.

Variations-Tipp: Geben Sie zusätzlich etwas gemahlenen schwarzen Pfeffer in die Füllung.

Nährwertangaben pro Portion:

Kalorien 459 | Fett 17,7g | Natrium 1516mg | Kohlenhydrate 1,7g | Ballaststoffe 0,5g | Zucker 0,4g | Protein 69,2g

Thunfischsalat-Sandwich

Vorbereitungszeit: 15 Minuten.

Kochzeit: 5 Minuten.

Dient: 2

Zutaten:

- 1 Tasse Thunfischflocken
- 4 Esslöffel Mayonnaise
- 1 Esslöffel Kapern
- 1 Teelöffel Limettensaft
- 1 Teelöffel Estragon
- ¼ Teelöffel Zitronenpfeffergewürz
- 2 Burgerbrötchen, geteilt

Vorbereitung:

1. Alle Zutaten außer den Brötchen mischen.
2. Heizen Sie Ihren Hamilton Beach Breakfast Sandwich Maker vor.
3. Heben Sie die obere Abdeckung, den Ring und die Kochplatte ab.
4. Legen Sie die untere Hälfte des Muffins in den Sandwichmaker.
5. Ein Burgerbrötchen (unten) hineinlegen.
6. Mit ½ der Thunfischmischung belegen.
7. Senken Sie nun die Kochplatte und die oberen Ringe ab.
8. Die andere obere Brötchenhälfte darauf legen.
9. Decken Sie die obere Haube ab und lassen Sie das Sandwich 5 Minuten lang garen.
10. Nach Beendigung des Garvorgangs drehen Sie den Griff der Kochplatte im Uhrzeigersinn bis zum Anschlag.
11. Die Haube abnehmen, die Ringe entfernen und das Sandwich auf einen Teller legen.
12. Wiederholen Sie diese Schritte mit den restlichen Zutaten.
13. Servieren.

Anregung zum Servieren: Servieren Sie das Sandwich mit Ihrer Lieblingssauce als Beilage.

Variations-Tipp: Sie können auch eine Schicht Ihrer Lieblingssauce auf die Füllung geben.

Nährwertangaben pro Portion:

Kalorien 326 | Fett 13,4g | Natrium 315mg | Kohlenhydrate 36,8g | Ballaststoffe 5,6g | Zucker 3,7g | Protein 15,9g

Kapitel 4: Geflügelfrühstückssandwiches und -burger

Sandwich mit Truthahn und Sauerkraut

Vorbereitungszeit: 15 Minuten.
Kochzeit: 5 Minuten.
Dient: 2

Zutaten:

- 4 Unzen Putenbrust
- 1 Esslöffel Butter
- 4 Scheiben dunkles Roggenbrot, in 4-Zoll-Kreise geschnitten
- 4 Unzen Sauerkraut
- 4 Scheiben Schweizer Käse
- Salatdressing

Vorbereitung:

1. Mit Schweizer Käse, Sauerkraut und Salatdressing belegen
2. Heizen Sie Ihren Hamilton Beach Breakfast Sandwich Maker vor.
3. Heben Sie die obere Abdeckung, den Ring und die Kochplatte ab.
4. Eine Brotscheibe in den Sandwichmaker legen.
5. Nun die Kochplatte und die oberen Ringe absenken, dann ½ der Füllung darauf geben.
6. Den anderen Kreis des Brotes darauf legen.
7. Decken Sie die obere Haube ab und lassen Sie das Sandwich 5 Minuten lang garen.
8. Nach Beendigung des Garvorgangs drehen Sie den Griff der Kochplatte im Uhrzeigersinn bis zum Anschlag.
9. Die Haube abnehmen, die Ringe entfernen und das Sandwich auf einen Teller legen.
10. Wiederholen Sie diese Schritte mit den restlichen Zutaten.
11. Servieren.

Anregung zum Servieren: Servieren Sie das Sandwich mit Ihrer Lieblingssauce als Beilage.
Variations-Tipp: Fügen Sie der Füllung zusätzlich einige getrocknete Kräuter hinzu.
Nährwertangaben pro Portion:
Kalorien 565| Fett 30 g | Natrium 651mg | Kohlenhydrate 20,3 g | Ballaststoffe 1,4g | Zucker 1,7 g | Protein 53,1 g

Spinat-Hühnchen-Burger

Vorbereitungszeit: 15 Minuten.

Kochzeit: 15 Minuten.

Zutaten: 8

Zutaten:

- 1 Pfund gemahlenes Hühnerfleisch
- 1 Tasse gehackter Spinat
- ⅓ Tasse Kalamata-Oliven, gehackt
- 1 ½ Teelöffel Zitronenschale
- 1 Teelöffel Knoblauchpulver
- ½ Teelöffel getrockneter Oregano
- ¾ Teelöffel Salz
- ½ Teelöffel schwarzer Pfeffer
- 2 Esslöffel Olivenöl
- 8 große Portobello-Pilze, waagerecht halbiert
- 4 Esslöffel Tzatziki
- 1 Tasse Rucola
- 8 (¼ Zoll dicke) Ringe rote Zwiebel

Vorbereitung:

1. Hähnchenfleisch mit Spinat, Oliven, Schale, Knoblauchpulver, Oregano, Salz und schwarzem Pfeffer in einer Küchenmaschine 1 Minute lang pürieren.
2. Eine geeignete Pfanne mit Olivenöl auf mittlerer bis hoher Stufe erhitzen.
3. Aus der Putenmischung 8 gleich große Pastetchen formen.
4. Die Hähnchenpastetchen im Öl 5 Minuten pro Seite anbraten.
5. Heizen Sie Ihren Hamilton Beach Breakfast Sandwich Maker vor, bis die PREHEAT-Anzeige grün leuchtet.
6. Heben Sie die obere Abdeckung, den Ring und die Kochplatte ab.
7. Legen Sie die Hälfte eines Portobello-Pilzes mit der Schnittfläche nach oben in das untere Fach des Sandwichmakers.
8. Nun die Kochplatte und die oberen Ringe absenken, dann ein Patty, einen Zwiebelring, ⅛ des Tzatziki und den Rucola darauf legen.
9. Die andere obere Hälfte des Portobello-Pilzes darauf legen.
10. Decken Sie die obere Haube ab und lassen Sie das Sandwich 5 Minuten lang garen.
11. Drehen Sie den Griff der Kochplatte im Uhrzeigersinn bis zum Anschlag.
12. Die Haube abnehmen, die Ringe entfernen und das Sandwich auf einen Teller legen.
13. Wiederholen Sie die gleichen Schritte mit den restlichen Zutaten.
14. Servieren.

Anregung zum Servieren: Servieren Sie das Sandwich mit einem Blumenkohl-Speck-Salat als Beilage.

Variations-Tipp: Fügen Sie eine Schicht würzige Mayo und eingelegtes Gemüse hinzu, um den Geschmack zu verändern.

Nährwertangaben pro Portion:
Kalorien 395 | Fett 9,5g | Natrium 655mg | Kohlenhydrate 34g | Ballaststoffe 0,4g | Zucker 0,4g | Protein 28,3g

Truthahn-Gurken-Pumpernickel-Sandwich

Vorbereitungszeit: 15 Minuten.

Kochzeit: 5 Minuten.

Dient: 1

Zutaten:

- 2 Stücke Pumpernickelbrot, in 4-Zoll-Kreise geschnitten
- 1 ½ Esslöffel fettfreie Mayonnaise
- 1 kleine rote Zwiebel
- 2 Zweige frischer Dill, gehackt
- 2 Scheiben geräucherte Putenbrust
- 1 Teelöffel Kapern
- ¼ Teelöffel gemahlener schwarzer Pfeffer
- 3 dünne Gurkenscheiben
- ½ Teelöffel getrockneter Dill

Vorbereitung:

1. Kapern, Pfeffer, Mayonnaise und Dill mischen
2. Mit der Kapernmischung belegen.
3. Heizen Sie Ihren Hamilton Beach Breakfast Sandwich Maker vor.
4. Heben Sie die obere Abdeckung, den Ring und die Kochplatte ab.
5. Eine Brotscheibe in den Sandwichmaker legen.
6. Nun die Kochplatte und die oberen Ringe absenken, dann die Mischung und die restlichen Füllungen darauf geben.
7. Den anderen Kreis des Brotes darauf legen.
8. Decken Sie die obere Haube ab und lassen Sie das Sandwich 5 Minuten lang garen.
9. Nach Beendigung des Garvorgangs drehen Sie den Griff der Kochplatte im Uhrzeigersinn bis zum Anschlag.
10. Die Haube abnehmen, die Ringe entfernen und das Sandwich auf einen Teller legen.
11. Servieren.

Anregung zum Servieren: Servieren Sie das Sandwich mit knusprigem Speck und Ihrer Lieblingssoße auf der Seite.

Variationstipp: Sie können auch etwas Paprika über die Füllung träufeln.

Nährwertangaben pro Portion:

Kalorien 356 | Fett 12,7g | Natrium 293mg | Kohlenhydrate 7,9g | Ballaststoffe 0,3g | Zucker 7,9g | Protein 49,5g

Würzige Truthahn-Burger

Vorbereitungszeit: 15 Minuten.

Kochzeit: 15 Minuten.

Dient: 4

Zutaten:

- ½ lb. Putenhackfleisch
- ½ rote Zwiebel, gerieben
- 1 Knoblauchzehe, zerdrückt
- 2 Teelöffel Madras-Currypulver
- 1 Handvoll gehackter Koriander
- 1 Eigelb
- 1 Esslöffel Sonnenblumenöl
- 4 Burgerbrötchen, in zwei Hälften geteilt
- 4 Esslöffel Mango-Chutney

Vorbereitung:

1. Truthahn mit roten Zwiebeln, Knoblauch, Currypulver, Koriander und Eigelb in der Küchenmaschine 1 Minute lang pürieren.
2. Eine geeignete Pfanne mit Olivenöl auf mittlerer bis hoher Stufe erhitzen.
3. Aus der Putenmischung vier gleich große Pastetchen formen.
4. Die Putenpastetchen in dem Öl 5 Minuten pro Seite anbraten.
5. Heizen Sie Ihren Hamilton Beach Breakfast Sandwich Maker vor, bis die PREHEAT-Anzeige grün leuchtet.
6. Heben Sie die obere Abdeckung, den Ring und die Kochplatte ab.
7. Legen Sie eine Brötchenhälfte mit der Schnittfläche nach oben in das untere Fach des Sandwichmakers.
8. ¼ des Mango-Chutneys darauf verteilen.
9. Nun die Kochplatte und die oberen Ringe absenken und eine Frikadelle hineinlegen.
10. Die andere obere Brötchenhälfte darauf legen.
11. Decken Sie die obere Haube ab und lassen Sie das Sandwich 5 Minuten lang garen.
12. Drehen Sie den Griff der Kochplatte im Uhrzeigersinn bis zum Anschlag.
13. Die Haube abnehmen, die Ringe entfernen und das Sandwich auf einen Teller legen.
14. Wiederholen Sie die gleichen Schritte mit den restlichen Zutaten.
15. Servieren.

Anregung zum Servieren: Servieren Sie das Sandwich mit einem Blumenkohl-Speck-Salat als Beilage.

Variations-Tipp: Genießen Sie sautiertes Gemüse als Beilage, um den Geschmack zu verändern.

Nährwertangaben pro Portion:

Kalorien 376 | Fett 17g | Natrium 1127mg | Kohlenhydrate 34g | Ballaststoffe 1g | Zucker 3g | Protein 29g

Pita-Sandwich mit Huhn und Avocado

Vorbereitungszeit: 15 Minuten.

Kochzeit: 5 Minuten.

Dient: 1

Zutaten:

- 1 Fladenbrot, geteilt, in 4-Zoll-Kreise geschnitten
- 1 kleine Zwiebel
- 1 Teelöffel Zitronensaft
- ¼ Teelöffel Salz
- 2 Esslöffel Monterey-Jack-Käse, zerkleinert
- 1 Teelöffel Pflanzenöl
- 1 Esslöffel Taco-Sauce
- ½ Tasse gekochtes Huhn
- ½ Tasse geschredderter Kopfsalat
- 1 Unze grüne Chilis
- 1 Esslöffel saure Sahne
- 1 kleine Avocado in Scheiben geschnitten

Vorbereitung:

1. Avocado mit Salz und Zitronensaft beträufeln
2. Zwiebel, Salz, Chilischoten, Öl, Tacosauce und Hähnchenfleisch miteinander vermischen.
3. Mit der Avocado-Mischung, dem Salat und dem Käse belegen
4. Heizen Sie Ihren Hamilton Beach Breakfast Sandwich Maker vor.
5. Heben Sie die obere Abdeckung, den Ring und die Kochplatte ab.
6. Eine Brotscheibe in den Sandwichmaker legen.
7. Nun die Kochplatte und die oberen Ringe absenken, dann die Füllungen darauf geben.
8. Den anderen Kreis des Brotes darauf legen.
9. Decken Sie die obere Haube ab und lassen Sie das Sandwich 5 Minuten lang garen.
10. Nach Beendigung des Garvorgangs drehen Sie den Griff der Kochplatte im Uhrzeigersinn bis zum Anschlag.
11. Die Haube abnehmen, die Ringe entfernen und das Sandwich auf einen Teller legen.
12. Servieren.

Anregung zum Servieren: Servieren Sie das Sandwich mit Ihrer Lieblingssauce als Beilage.

Variations-Tipp: Sie können auch eine Schicht Ihrer Lieblingssauce auf die Füllung geben.

Nährwertangaben pro Portion:

Kalorien 529 | Fett 17g | Natrium 391mg | Kohlenhydrate 55g | Ballaststoffe 6g | Zucker 8g | Protein 41g

Champignon-Puten-Schweizer-Käse-Burger

Vorbereitungszeit: 15 Minuten.

Kochzeit: 15 Minuten.

Dient: 4

Zutaten:

- 2 Esslöffel Olivenöl
- 1 Knoblauchzehe, gehackt
- ¾ Teelöffel schwarzer Pfeffer
- ½ Teelöffel Salz
- 8 Portobello-Pilzköpfe
- 1 lb. mageres Putenfleisch
- 2 Teelöffel Worcestershire-Sauce
- 1 Teelöffel Dijon-Senf
- 4 Scheiben Schweizer Käse
- 1 kleine Tomate, in Scheiben geschnitten
- 3 Tassen Baby-Rucola

Vorbereitung:

1. Truthahn mit Knoblauch, schwarzem Pfeffer, Salz und Worcestershire-Sauce in einer Küchenmaschine 1 Minute lang pürieren.
2. Eine geeignete Pfanne mit Olivenöl auf mittlerer bis hoher Stufe erhitzen.
3. Aus der Putenmischung 4 gleich große Pastetchen formen.
4. Die Putenpastetchen in dem Öl 5 Minuten pro Seite anbraten.
5. Heizen Sie Ihren Hamilton Beach Breakfast Sandwich Maker vor, bis die PREHEAT-Anzeige grün leuchtet.
6. Heben Sie die obere Abdeckung, den Ring und die Kochplatte ab.
7. Legen Sie eine Portobello-Pilzkappe mit der Schnittseite nach oben in das untere Fach des Sandwichmakers.
8. Nun die Kochplatte und die oberen Ringe absenken und ein Patty, ¼ Schweizer Käse, Tomate und Rucola darauf legen.
9. Die andere Pilzkappe darauf setzen.
10. Decken Sie die obere Haube ab und lassen Sie das Sandwich 5 Minuten lang garen.
11. Drehen Sie den Griff der Kochplatte im Uhrzeigersinn bis zum Anschlag.
12. Die Haube abnehmen, die Ringe entfernen und das Sandwich auf einen Teller legen.
13. Wiederholen Sie die gleichen Schritte mit den restlichen Zutaten.
14. Servieren.

Anregung zum Servieren: Servieren Sie das Sandwich mit knusprigen Süßkartoffelpommes als Beilage.

Variationstipp: Sie können auch ein Salatblatt in die Füllung geben.

Nährwertangaben pro Portion:

Kalorien 321 | Fett 7,4g | Natrium 356mg | Kohlenhydrate 29,3g | Ballaststoffe 2,4g | Zucker 5g | Protein 37,2g

Puten-Koriander-Burger

Vorbereitungszeit: 15 Minuten.

Kochzeit: 15 Minuten.

Dient: 2

Zutaten:

- 1 Pfund Putenhackfleisch
- 3 Esslöffel frischer Koriander, gehackt
- 1 Frühlingszwiebel, gehackt
- 2 Teelöffel Chilipulver
- 1 Teelöffel gemahlener Kreuzkümmel
- ½ Teelöffel Meersalz
- ½ Teelöffel schwarzer Pfeffer
- 4 grüne Chilis
- 4 Scheiben Pepper-Jack-Käse
- 2 -Zoll-Mehltortillas, in 4-Zoll-Runden geschnitten
- 4 Esslöffel saure Sahne

Vorbereitung:

1. Putenfleisch mit Koriander, Frühlingszwiebeln, Chilipulver, Kreuzkümmel, Salz und schwarzem Pfeffer in einer Küchenmaschine 1 Minute lang pürieren.
2. Eine geeignete Pfanne mit Olivenöl auf mittlerer bis hoher Stufe erhitzen.
3. Aus der Putenmischung 4 gleich große Pastetchen formen.
4. Die Putenpastetchen in dem Öl 5 Minuten pro Seite anbraten.
5. Heizen Sie Ihren Hamilton Beach Breakfast Sandwich Maker vor, bis die PREHEAT-Anzeige grün leuchtet.
6. Heben Sie die obere Abdeckung, den Ring und die Kochplatte ab.
7. Legen Sie eine runde Tortilla in das untere Fach des Sandwichmakers.
8. Nun die Kochplatte und die oberen Ringe absenken, dann ein Patty, eine grüne Chilischote, eine Käsescheibe und 1 Esslöffel saure Sahne darauf legen.
9. Eine weitere Tortillarunde darauf legen.
10. Decken Sie die obere Haube ab und lassen Sie das Sandwich 5 Minuten lang garen.
11. Drehen Sie den Griff der Kochplatte im Uhrzeigersinn bis zum Anschlag.
12. Die Haube abnehmen, die Ringe entfernen und das Sandwich auf einen Teller legen.
13. Wiederholen Sie die gleichen Schritte mit den restlichen Zutaten.
14. Servieren.

Anregung zum Servieren: Servieren Sie das Sandwich mit knusprigen Zucchini-Pommes frites als Beilage.

Variationstipp: Sie können auch ein Salatblatt in die Füllung geben.

Nährwertangaben pro Portion:

Kalorien 305 | Fett 25g | Natrium 532mg | Kohlenhydrate 2,3g | Ballaststoffe 0,4g | Zucker 2g | Protein 18,3g

Teriyaki-Puten- und Wasserkastanien-Burger

Vorbereitungszeit: 15 Minuten.

Kochzeit: 5 Minuten.

Dient: 2

Zutaten:

- 1 Ei
- 1 Esslöffel Teriyaki-Sauce
- 1 Teelöffel frischer Ingwer, gerieben
- 1 Esslöffel Wasserkastanie, gehackt
- 1 Esslöffel getrocknete Semmelbrösel
- Geschredderter Kopfsalat
- 1 Esslöffel Röstzwiebeln
- ½ Pfund vorgekochter Truthahn
- 1 Teelöffel Frank's Red Hot Sauce
- 2 belegte Brötchen, geteilt

Vorbereitung:

1. Wasserkastanien, Röstzwiebeln, Ingwer, Putenfleisch, Paniermehl, Ei, scharfe Sauce und Teriyaki-Sauce in einer Schüssel mischen. In 2 Patties schneiden
2. Heizen Sie Ihren Hamilton Beach Breakfast Sandwich Maker vor.
3. Heben Sie die obere Abdeckung, den Ring und die Kochplatte ab.
4. Legen Sie die untere Hälfte eines Brötchens in den Sandwichmaker.
5. Nun die Kochplatte absenken und die Ringe auflegen, dann die Patties und die Hälfte ½ der Zwiebeln, den Salat und die scharfe Soße darauf geben.
6. Die andere obere Brötchenhälfte darauf legen.
7. Decken Sie die obere Haube ab und lassen Sie das Sandwich 5 Minuten lang garen.
8. Nach Beendigung des Garvorgangs drehen Sie den Griff der Kochplatte im Uhrzeigersinn bis zum Anschlag.
9. Die Haube abnehmen, die Ringe entfernen und das Sandwich auf einen Teller legen.
10. Wiederholen Sie diese Schritte mit den restlichen Zutaten.
11. Servieren.

Anregung zum Servieren: Servieren Sie das Sandwich mit knusprigem Speck und Ihrer Lieblingssoße auf der Seite.

Variationstipp: Sie können auch etwas Paprika über die Füllung träufeln.

Nährwertangaben pro Portion:

Kalorien 350| Fett 19g | Natrium 168mg | Kohlenhydrate 38g | Ballaststoffe 6g | Zucker 18,8g | Protein 10g

Mayo-Puten-Burger

Vorbereitungszeit: 15 Minuten.

Kochzeit: 15 Minuten.

Dient: 6

Zutaten:

- 1 Pfund Putenhackfleisch
- 1 großes Ei, verquirlt
- 2 Knoblauchzehen, gehackt
- 1 Esslöffel Worcestershire-Sauce
- 2 Esslöffel Petersilie, gehackt
- Koscheres Salz, nach Geschmack
- Schwarzer Pfeffer, nach Geschmack
- 1 Esslöffel Olivenöl
- 6 Hamburger-Brötchen, halbiert
- 6 Kopfsalatblätter
- 6 Tomatenscheiben
- 6 Teelöffel Mayonnaise

Vorbereitung:

1. Truthahn mit Ei, Knoblauch, Worcestershire-Sauce, Petersilie, schwarzem Pfeffer und Salz in einer Küchenmaschine 1 Minute lang pürieren.
2. Eine geeignete Pfanne mit Olivenöl auf mittlerer bis hoher Stufe erhitzen.
3. Aus der Putenmischung sechs gleich große Pastetchen formen.
4. Die Putenpastetchen in dem Öl 5 Minuten pro Seite anbraten.
5. Heizen Sie Ihren Hamilton Beach Breakfast Sandwich Maker vor, bis die PREHEAT-Anzeige grün leuchtet.
6. Heben Sie die obere Abdeckung, den Ring und die Kochplatte ab.
7. Legen Sie eine Brötchenhälfte mit der Schnittfläche nach oben in das untere Fach des Sandwichmakers.
8. Senken Sie nun die Kochplatte und die oberen Ringe ab und legen Sie ein Patty, ein Salatblatt und eine Tomatenscheibe darauf.
9. Die andere obere Brötchenhälfte darauf legen.
10. Decken Sie die obere Haube ab und lassen Sie das Sandwich 5 Minuten lang garen.
11. Drehen Sie den Griff der Kochplatte im Uhrzeigersinn bis zum Anschlag.
12. Die Haube abnehmen, die Ringe entfernen und das Sandwich auf einen Teller legen.
13. Wiederholen Sie die gleichen Schritte mit den restlichen Zutaten.
14. Servieren.

Anregung zum Servieren: Servieren Sie das Sandwich mit knusprigen Zucchini-Pommes frites als Beilage.

Variationstipp: Sie können auch ein Salatblatt in die Füllung geben.

Nährwertangaben pro Portion:
Kalorien 448 | Fett 13g | Natrium 353mg | Kohlenhydrate 23g | Ballaststoffe 0,4g | Zucker
1g | Eiweiß 29g

Putenfrikadellen mit Honig und Senf

Vorbereitungszeit: 15 Minuten.

Kochzeit: 15 Minuten.

Dient: 4

Zutaten:

- ¼ Tasse Senf
- 2 Esslöffel Honig
- 1 lb. gemahlene Putenbrust
- ¼ Teelöffel Salz
- ¼ Teelöffel schwarzer Pfeffer
- 2 Teelöffel Rapsöl
- 4 Vollkorn-Hamburgerbrötchen, geteilt
- 4 Kopfsalatblätter
- 4 Tomatenscheiben
- 4 Scheiben rote Zwiebeln

Vorbereitung:

1. Truthahn mit Salz, Honig, Senf und schwarzem Pfeffer in einer Küchenmaschine 1 Minute lang pürieren.
2. Eine geeignete Pfanne mit Olivenöl auf mittlerer bis hoher Stufe erhitzen.
3. Aus der Putenmischung 4 gleich große Pastetchen formen.
4. Die Putenpastetchen in dem Öl 5 Minuten pro Seite anbraten.
5. Heizen Sie Ihren Hamilton Beach Breakfast Sandwich Maker vor, bis die PREHEAT-Anzeige grün leuchtet.
6. Heben Sie die obere Abdeckung, den Ring und die Kochplatte ab.
7. Legen Sie eine Brötchenhälfte mit der Schnittfläche nach oben in das untere Fach des Sandwichmakers.
8. Nun die Kochplatte und die oberen Ringe absenken und ein Patty, ein Salatblatt, 1 Zwiebelscheibe und eine Tomatenscheibe darauf legen.
9. Die andere obere Brötchenhälfte darauf legen.
10. Decken Sie die obere Haube ab und lassen Sie das Sandwich 5 Minuten lang garen.
11. Drehen Sie den Griff der Kochplatte im Uhrzeigersinn bis zum Anschlag.
12. Die Haube abnehmen, die Ringe entfernen und das Sandwich auf einen Teller legen.
13. Wiederholen Sie die gleichen Schritte mit den restlichen Zutaten.
14. Servieren.

Anregung zum Servieren: Servieren Sie das Sandwich mit knusprigem Speck und Ihrer Lieblingssauce dazu.

Variations-Tipp: Fügen Sie eine Schicht eingelegtes Gemüse hinzu, um den Geschmack zu verändern.

Nährwertangaben pro Portion:

Kalorien 337 | Fett 20g | Natrium 719mg | Kohlenhydrate 21g | Ballaststoffe 0,9g | Zucker 1,4g | Protein 37,8g

Puten- und Preiselbeer-Burger

Vorbereitungszeit: 15 Minuten.

Kochzeit: 15 Minuten.

Dient: 4

Zutaten:

- ¼ Tasse (2 Esslöffel) Vollkorn-Couscous
- ½ Tasse kochendes Wasser
- 2 Esslöffel Olivenöl
- 1 kleine Zwiebel, gewürfelt
- 1 Stange Staudensellerie, gehackt
- 1 Esslöffel frischer Thymian, gehackt
- 1 ½ Teelöffel frischer Salbei, gehackt
- ½ Teelöffel Salz
- ½ Teelöffel schwarzer Pfeffer
- ¼ Tasse getrocknete Preiselbeeren, zerkleinert
- 1 lb. 93% mageres Putenfleisch
- 4 Brötchen, halbiert

Vorbereitung:

1. Couscous mit Wasser kochen, bis er weich ist, dann abgießen.
2. Putenfleisch mit Couscous, Zwiebeln, Sellerie, Thymian, Salbei, Salz, schwarzem Pfeffer und Cranberries in der Küchenmaschine 1 Minute lang pürieren.
3. Eine geeignete Pfanne mit Olivenöl auf mittlerer bis hoher Stufe erhitzen.
4. Aus dieser Mischung 4 gleich große Pastetchen formen.
5. Die Putenpastetchen in dem Öl 5 Minuten pro Seite anbraten.
6. Heizen Sie Ihren Hamilton Beach Breakfast Sandwich Maker vor, bis die PREHEAT-Anzeige grün leuchtet.
7. Heben Sie die obere Abdeckung, den Ring und die Kochplatte ab.
8. Legen Sie eine Brötchenhälfte mit der Schnittfläche nach oben in das untere Fach des Sandwichmakers.
9. Senken Sie nun die Kochplatte und die oberen Ringe ab und legen Sie eine Frikadelle darauf.
10. Die andere obere Brötchenhälfte darauf legen.
11. Decken Sie die obere Haube ab und lassen Sie das Sandwich 5 Minuten lang garen.
12. Drehen Sie den Griff der Kochplatte im Uhrzeigersinn bis zum Anschlag.
13. Die Haube abnehmen, die Ringe entfernen und das Sandwich auf einen Teller legen.
14. Wiederholen Sie die gleichen Schritte mit den restlichen Zutaten.
15. Servieren.

Serviervorschlag: Servieren Sie das Sandwich mit knusprigen Pommes frites als Beilage.

Variationstipp: Sie können auch ein Salatblatt in die Füllung geben.

Nährwertangaben pro Portion:

Kalorien 273 | Fett 22g | Natrium 517mg | Kohlenhydrate 3,3g | Ballaststoffe 0,2g | Zucker 1,4g | Protein 16,1g

Kapitel 5: Frühstückssandwiches und Burger aus rotem Fleisch

Sandwich mit Rindfleisch und gebratenen Champignons

Vorbereitungszeit: 15 Minuten.

Kochzeit: 5 Minuten.

Dient: 4

Zutaten:

- 1 Laib herzhaftes Landbrot, in 4-Zoll-Kreise geschnitten
- 3 Esslöffel Pflanzenöl
- 3 Pfund entbeintes Rinderrundsteak, 2 Zoll dick
- 1 Zwiebel, in Scheiben geschnitten
- 2 Tassen geschnittene frische Champignons
- 1 Knoblauchzehe, gehackt
- Salz nach Geschmack
- Gemahlener schwarzer Pfeffer nach Geschmack
- Knoblauchsalz nach Geschmack

Vorbereitung:

1. Braten Sie Ihr Steak in 1 Esslöffel Pflanzenöl für 6 Minuten pro Seite und stellen Sie es dann zur Seite.
2. Braten Sie Pilze, Zwiebeln und Knoblauch in 2 weiteren Esslöffeln Pflanzenöl 7 Minuten lang an, bis die Zwiebeln durchsichtig sind.
3. Heizen Sie Ihren Hamilton Beach Breakfast Sandwich Maker vor.
4. Heben Sie die obere Abdeckung, den Ring und die Kochplatte ab.
5. Legen Sie eine Brotscheibe in den Sandwichmaker und geben Sie Butter darauf.
6. Nun die Kochplatte und die oberen Ringe absenken und ¼ der restlichen Füllung hineingeben.
7. Eine weitere Brotscheibe darauf legen.
8. Decken Sie die obere Haube ab und lassen Sie das Sandwich 5 Minuten lang garen.
9. Nach Beendigung des Garvorgangs drehen Sie den Griff der Kochplatte im Uhrzeigersinn bis zum Anschlag.
10. Die Haube abnehmen, die Ringe entfernen und das Sandwich auf einen Teller legen.
11. Wiederholen Sie diese Schritte mit den restlichen Zutaten.
12. Servieren.

Anregung zum Servieren: Servieren Sie das Sandwich mit Ihrer Lieblingssauce als Beilage.

Variations-Tipp: Fügen Sie der Füllung zusätzlich einige getrocknete Kräuter hinzu.

Nährwertangaben pro Portion:
Kalorien 305 | Fett 15g | Natrium 482mg | Kohlenhydrate 17g | Ballaststoffe 3g | Zucker 2g
| Protein 35g

Sandwich mit Rindfleisch und Karotten

Vorbereitungszeit: 15 Minuten.

Kochzeit: 5 Minuten.

Dient: 2

Zutaten:

- 1 Tasse gehacktes gekochtes Rindfleisch
- 2 Stangen Staudensellerie, gewürfelt
- 1 Karotte, gewürfelt
- ¼ Tasse gehackte Zwiebel
- 3 Esslöffel Mayonnaise
- ¼ Teelöffel Salz
- ⅛ Teelöffel gemahlener schwarzer Pfeffer
- ⅛ Teelöffel Knoblauchpulver
- 2 Sesambrötchen, getoastet auf dem Broiler
- 2 Eier

Vorbereitung:

1. In einer Schüssel Knoblauchpulver, Rindfleisch, schwarzen Pfeffer, Sellerie, Salz, Karotten, Mayo und Zwiebel vermischen. Die Mischung umrühren, bis sie gleichmäßig ist.
2. Heizen Sie Ihren Hamilton Beach Breakfast Sandwich Maker vor.
3. Heben Sie die obere Abdeckung, den Ring und die Kochplatte ab.
4. Die untere Hälfte des Muffins in den Sandwichmaker legen und mit ½ der restlichen Füllung belegen.
5. Nun die Kochplatte und die oberen Ringe absenken, dann ½ des Eies hineingießen.
6. Eine weitere Brötchenhälfte auflegen.
7. Decken Sie die obere Haube ab und lassen Sie das Sandwich 5 Minuten lang garen.
8. Nach Beendigung des Garvorgangs drehen Sie den Griff der Kochplatte im Uhrzeigersinn bis zum Anschlag.
9. Die Haube abnehmen, die Ringe entfernen und das Sandwich auf einen Teller legen.
10. Wiederholen Sie diese Schritte mit den restlichen Zutaten.
11. Auf getoasteten Sesambrötchen genießen.

Anregung zum Servieren: Servieren Sie das Sandwich mit Krautsalat und Ihrer Lieblingssoße auf der Seite.

Variations-Tipp: Geben Sie zusätzlich etwas gemahlenen schwarzen Pfeffer in die Füllung.

Nährwertangaben pro Portion:

Kalorien 308 | Fett 24g | Natrium 715mg | Kohlenhydrate 0,8g | Ballaststoffe 0,1g | Zucker 0,1g | Eiweiß 21,9g

Knoblauch-Rindfleisch-Sandwiches

Vorbereitungszeit: 15 Minuten.

Kochzeit: 5 Minuten.

Dient: 3

Zutaten:

- 1 Esslöffel Pflanzenöl
- 1 ½ Pfund Rinderlendensteak ohne Knochen, in Scheiben geschnitten
- 1 Zwiebel, in Scheiben geschnitten
- 3 Knoblauchzehen, gehackt
- 3 große Staudensellerie-Rippen, in Scheiben geschnitten
- 3 Esslöffel gehackte frische Ingwerwurzel
- 2 Esslöffel Sojasauce
- 1 Teelöffel Chili-Öl
- 6 englische Muffins, geteilt

Vorbereitung:

1. In einer großen Pfanne Pflanzenöl auf mittlerer bis hoher Stufe erhitzen.
2. Dann die Lendenstreifen einrühren und ein paar Minuten anbraten, bis die Streifen anfangen, braun zu werden.
3. Dann Zwiebel und Knoblauch einrühren und etwa 2 Minuten anbraten.
4. Sellerie und Ingwer hinzugeben und etwa 3 Minuten kochen, bis die Zwiebel weich geworden ist.
5. Nun mit Sojasauce und Chili-Öl würzen.
6. Heizen Sie Ihren Hamilton Beach Breakfast Sandwich Maker vor.
7. Legen Sie die untere Hälfte des Muffins in den Sandwichmaker.
8. Nun die Kochplatte und die oberen Ringe absenken und ⅓ der Füllungen hineingeben.
9. Die andere obere Hälfte des Muffins darauf legen.
10. Decken Sie die obere Haube ab und lassen Sie das Sandwich 5 Minuten lang garen.
11. Nach Beendigung des Garvorgangs drehen Sie den Griff der Kochplatte im Uhrzeigersinn bis zum Anschlag.
12. Die Haube abnehmen, die Ringe entfernen und das Sandwich auf einen Teller legen.
13. Wiederholen Sie diese Schritte mit den restlichen Zutaten.
14. Servieren.

Anregung zum Servieren: Servieren Sie das Sandwich mit Ihrer Lieblingssauce als Beilage.

Variations-Tipp: Fügen Sie der Füllung zusätzlich einige getrocknete Kräuter hinzu.

Nährwertangaben pro Portion:

Kalorien 275 | Fett 1,4g | Natrium 582mg | Kohlenhydrate 31,5g | Ballaststoffe 1,1g | Zucker 0,1g | Protein 29,8g

Worcestershire-Rindfleisch und Cheddar-Sandwich

Vorbereitungszeit: 15 Minuten.

Kochzeit: 5 Minuten.

Dient: 4

Zutaten:

- 1 Pfund Brot nach französischer oder italienischer Art, in 4-Zoll-Kreise geschnitten
- ¼ Tasse gehackte grüne Zwiebeln
- 1 Esslöffel Milch
- ⅛ Teelöffel Knoblauchpulver
- 1 grüne Paprika, in Ringe geschnitten
- 1 Pfund Rinderhackfleisch
- 1 Becher saure Sahne
- 1 Teelöffel Worcestershire-Sauce
- ¾ Teelöffel Salz
- 2 Esslöffel Butter, erweicht
- 2 Tomaten, in Scheiben geschnitten
- 1 Tasse zerkleinerter Cheddar-Käse

Vorbereitung:

1. Braten Sie das Rindfleisch und die Zwiebeln an und entfernen Sie das überschüssige Öl.
2. Geben Sie nun Pfeffer, Milch, Salz, Knoblauch, Worcestershire-Sauce, Knoblauch und saure Sahne hinzu.
3. Heizen Sie Ihren Hamilton Beach Breakfast Sandwich Maker vor.
4. Heben Sie die obere Abdeckung, den Ring und die Kochplatte ab.
5. Legen Sie eine Brotscheibe in den Sandwichmaker und geben Sie ¼ der Butter darauf.
6. Nun die Kochplatte und die oberen Ringe absenken und ¼ der restlichen Füllung hineingeben.
7. Eine weitere Brotscheibe darauf legen.
8. Decken Sie die obere Haube ab und lassen Sie das Sandwich 5 Minuten lang garen.
9. Nach Beendigung des Garvorgangs drehen Sie den Griff der Kochplatte im Uhrzeigersinn bis zum Anschlag.
10. Die Haube abnehmen, die Ringe entfernen und das Sandwich auf einen Teller legen.
11. Wiederholen Sie diese Schritte mit den restlichen Zutaten.
12. Servieren.

Anregung zum Servieren: Servieren Sie das Sandwich mit knusprigem Speck und Ihrer Lieblingssoße auf der Seite.

Variations-Tipp: Sie können auch eine Schicht Ihrer Lieblingssauce auf die Füllung geben.

Nährwertangaben pro Portion:

Kalorien 354; Fett 7,9 g; Natrium 704 mg; Kohlenhydrate 6 g; Ballaststoffe 3,6 g; Zucker 6 g; Eiweiß 18 g

Authentisches Philly Steak Sandwich

Vorbereitungszeit: 15 Minuten.

Kochzeit: 15 Minuten.

Dient: 2

Zutaten:

- 1 lb. Rinderlende, in dünne 2-Zoll-Streifen geschnitten
- ½ Teelöffel Salz
- ½ Teelöffel schwarzer Pfeffer
- ½ Teelöffel Paprika
- ½ Teelöffel Chilipulver
- ½ Teelöffel Zwiebelpulver
- ½ Teelöffel Knoblauchpulver
- ½ Teelöffel getrockneter Thymian
- ½ Teelöffel getrockneter Majoran
- ½ Teelöffel getrocknetes Basilikum
- 3 Esslöffel Pflanzenöl
- 1 Zwiebel, in Scheiben geschnitten
- 1 grüne Paprikaschote, in Juliennestücke geschnitten
- 3 Unzen Schweizer Käse, in Scheiben geschnitten
- 4 Hamburgerbrötchen, der Länge nach geteilt

Vorbereitung:

1. Das Rindfleisch mit allen Gewürzen, Kräutern, Öl, Zwiebeln und Paprika in einer Pfanne 10 Minuten lang anbraten.
2. Heizen Sie Ihren Hamilton Beach Breakfast Sandwich Maker vor, bis die PREHEAT-Anzeige grün leuchtet.
3. Heben Sie die obere Abdeckung, den Ring und die Kochplatte ab.
4. Legen Sie eine Brötchenhälfte mit der Schnittfläche nach oben in das untere Fach des Sandwichmakers.
5. Nun die Kochplatte und die oberen Ringe absenken und ¼ der Rindfleischmischung hineingeben.
6. Den Käse und die andere obere Brötchenhälfte darauf legen.
7. Decken Sie die obere Haube ab und lassen Sie das Sandwich 5 Minuten lang garen.
8. Drehen Sie den Griff der Kochplatte im Uhrzeigersinn bis zum Anschlag.
9. Die Haube abnehmen, die Ringe entfernen und das Sandwich auf einen Teller legen.
10. Wiederholen Sie die gleichen Schritte mit den restlichen Zutaten.
11. Servieren.

Anregung zum Servieren: Servieren Sie das Sandwich mit knusprigen Karottenchips als Beilage.

Variationstipp: Sie können auch ein Salatblatt in die Füllung geben.

Nährwertangaben pro Portion:
Kalorien 401 | Fett 7g | Natrium 269mg | Kohlenhydrate 5g | Ballaststoffe 4g | Zucker 12g | Protein 26g

Mayo gebratenes Rindfleisch Muffin Sandwiches

Vorbereitungszeit: 15 Minuten.

Kochzeit: 5 Minuten.

Dient: 6

Zutaten:

- 1 rote Zwiebel, in dünne Scheiben geschnitten
- 1 Esslöffel, plus 2 Teelöffel Salz
- 6 Esslöffel Rotweinessig
- ¾ Tasse Mayonnaise
- ¾ Tasse saure Sahne
- ¼ Tasse plus 2 Esslöffel geriebener Meerrettich aus dem Glas (mit Flüssigkeit)
- ½ Teelöffel geriebene Zitronenschale
- Frisch gemahlener schwarzer Pfeffer
- Scharfe Sauce
- 6 englische Muffins, halbiert
- 12 Scheiben reife Tomaten
- 24 Unzen frisch geschnittenes, blutiges Roastbeef
- 3 Tassen Brunnenkresse oder Rucola

Vorbereitung:

1. In einer kleinen Schüssel Zwiebel und 1 Esslöffel Salz vermischen. Für 20 Minuten beiseite stellen.
2. Die Zwiebeln unter fließendem kaltem Wasser abspülen. Abtropfen lassen und auspressen, um überschüssige Flüssigkeit zu entfernen.
3. Die Zwiebeln mit dem Essig vermischen und mindestens 30 Minuten oder bis zu 24 Stunden marinieren lassen.
4. In einer kleinen Schüssel Mayonnaise, saure Sahne, scharfe Soße, schwarzen Pfeffer, Meerrettich, Schale und 2 Teelöffel Salz verrühren.
5. Anschließend die Meerrettichsauce für mindestens 30 Minuten in den Kühlschrank stellen.
6. Heizen Sie Ihren Hamilton Beach Breakfast Sandwich Maker vor.
7. Heben Sie die obere Abdeckung, den Ring und die Kochplatte ab.
8. Legen Sie die untere Hälfte eines Muffins in den Sandwichmaker.
9. Mit ⅙ der Füllungszutaten außer Rindfleisch belegen.
10. Nun die Kochplatte und die oberen Ringe absenken und das ⅙ des Rindfleischs darauf legen.
11. Legen Sie die andere obere Hälfte eines Muffins darauf.
12. Decken Sie die obere Haube ab und lassen Sie das Sandwich 5 Minuten lang garen.
13. Nach Beendigung des Garvorgangs drehen Sie den Griff der Kochplatte im Uhrzeigersinn bis zum Anschlag.
14. Die Haube abnehmen, die Ringe entfernen und das Sandwich auf einen Teller legen.
15. Das Gleiche mit den restlichen Zutaten wiederholen. Servieren.

Anregung zum Servieren: Servieren Sie das Sandwich mit knusprigem Speck und Ihrer Lieblingssauce dazu.

Variationstipp: Sie können auch ein Salatblatt in die Füllung geben.

Nährwertangaben pro Portion:

Kalorien 260 | Fett 16g | Natrium 585mg | Kohlenhydrate 3,1g | Ballaststoffe 1,3g | Zucker 0,2g | Eiweiß 25,5g

Sandwich mit Kräuterrindfleisch und Giardiniera

Vorbereitungszeit: 15 Minuten.
Kochzeit: 1 Std. 35 Minuten.
Reicht für 4

Zutaten:

- 1 ½ Pfund Rinderfilet ohne Knochen, in 2-Zoll-Stücke geschnitten
- Salz und schwarzer Pfeffer nach Geschmack
- 1 Esslöffel Pflanzenöl
- 6 Knoblauchzehen, in Scheiben geschnitten
- 2 Esslöffel weißer Essig
- 1 Esslöffel getrockneter Oregano
- 1 ½ Teelöffel Salz
- 1 Teelöffel getrockneter Thymian
- 1 Teelöffel getrockneter Rosmarin
- 1 Teelöffel schwarzer Pfeffer
- 1 Lorbeerblatt
- ¼ Teelöffel rote Paprikaflocken
- 3 Tassen Hühnerbrühe
- 4 Hamburgerbrötchen, in der Mitte durchgeschnitten
- 1 Tasse gehackte Giardiniera (eingelegtes italienisches Gemüse)
- 2 Teelöffel gehackte frische Blattpetersilie

Vorbereitung:

1. Das Rindfleisch mit schwarzem Pfeffer, Salz und Öl in einer tiefen Pfanne 8 Minuten lang anbraten, bis es braun ist.
2. Hühnerbrühe, rote Paprikaflocken, Lorbeerblatt, schwarzen Pfeffer, Rosmarin, Thymian, Salz, Oregano, Essig und Knoblauch einrühren.
3. Zugedeckt 1 ½ Stunden köcheln lassen
4. Das gekochte Fleisch abseihen und mit einer Gabel zerkleinern.
5. Legen Sie eine Brötchenhälfte mit der Schnittfläche nach oben in das untere Fach des Sandwichmakers.
6. Nun die Kochplatte und die oberen Ringe absenken und ¼ des Rindfleischs und die anderen Zutaten darauf legen.
7. Die andere obere Brötchenhälfte darauf legen.
8. Decken Sie die obere Haube ab und lassen Sie das Sandwich 5 Minuten lang garen.
9. Drehen Sie den Griff der Kochplatte im Uhrzeigersinn bis zum Anschlag.
10. Die Haube abnehmen, die Ringe entfernen und das Sandwich auf einen Teller legen.
11. Wiederholen Sie den Vorgang mit den restlichen Zutaten.
12. Servieren.

Anregung zum Servieren: Servieren Sie das Sandwich mit einem Brokkolisalat als Beilage.
Variations-Tipp: Genießen Sie sautiertes Gemüse als Beilage, um den Geschmack zu verändern.

Nährwertangaben pro Portion:
Kalorien 382 | Fett 4g | Natrium 232mg | Kohlenhydrate 4g | Ballaststoffe 1g | Zucker 0g |
Eiweiß 21g

Klassische Kraut-Burger

Vorbereitungszeit: 15 Minuten.
Kochzeit: 25 Minuten.
Zutaten: 8

Zutaten:

- 8 englische Muffins
- 1 lb. Rinderhackfleisch
- 4 Teelöffel Wasser
- ½ großer Kopf Kohl, gehackt
- ½ große Zwiebel, gewürfelt
- 1 Knoblauchzehe, gehackt
- Salz und schwarzer Pfeffer nach Geschmack
- 1 Esslöffel Butter, geschmolzen

Vorbereitung:

1. Rindfleisch mit Butter, schwarzem Pfeffer, Zwiebel, gehackter Nelke und Salz in einer Pfanne 10 Minuten lang anbraten.
2. Kohl und Wasser einrühren und 10 Minuten auf kleiner Flamme kochen.
3. Diese Rindfleisch-Kohl-Mischung herausnehmen und beiseite stellen.
4. Heizen Sie Ihren Hamilton Beach Breakfast Sandwich Maker vor, bis die PREHEAT-Anzeige grün leuchtet.
5. Heben Sie die obere Abdeckung, den Ring und die Kochplatte ab.
6. Legen Sie die Hälfte des englischen Muffins mit der Schnittseite nach oben in das untere Fach des Sandwichmakers.
7. Nun die Kochplatte und die oberen Ringe absenken, dann ⅛ der Rindfleischmischung dazugeben.
8. Die andere obere Hälfte des Muffins auflegen.
9. Die Haube abdecken und den Burger 5 Minuten garen lassen.
10. Drehen Sie den Griff der Kochplatte im Uhrzeigersinn bis zum Anschlag.
11. Die Haube abnehmen, die Ringe entfernen und den Burger auf einen Teller legen.
12. Wiederholen Sie die gleichen Schritte mit den restlichen Muffins und Zutaten.
13. Servieren.

Anregung zum Servieren: Servieren Sie das Sandwich mit knusprigen Süßkartoffelpommes als Beilage.

Variations-Tipp: Fügen Sie eine Schicht würzige Mayo und eingelegtes Gemüse hinzu, um den Geschmack zu verändern.

Nährwertangaben pro Portion:
Kalorien 418 | Fett 22g | Natrium 350mg | Kohlenhydrate 2.2g | Ballaststoffe 0.7g | Zucker 1g | Protein 24.3g

Awesome Gourmet Patty Melts

Vorbereitungszeit: 15 Minuten.

Kochzeit: 15 Minuten.

Dient: 4

Zutaten:

- 1 Pfund Rinderhackfleisch
- 1 Esslöffel Worcestershire-Sauce
- 2 Knoblauchzehen, gehackt, oder mehr nach Geschmack
- ½ Teelöffel Salz
- ½ Teelöffel schwarzer Pfeffer
- 3 Esslöffel ungesalzene Butter
- 3 Esslöffel Olivenöl
- 2 mittelgroße Zwiebeln, in Scheiben geschnitten
- Kochspray
- 4 Scheiben Cheddar-Käse
- 4 Teelöffel Dijon-Senf
- 8 Scheiben Roggenbrot, in 4 Zoll runde Scheiben geschnitten

Vorbereitung:

1. Rindfleisch mit schwarzem Pfeffer, Salz, Butter, Knoblauch und Worcestershire-Sauce 1 Minute lang in einer Küchenmaschine mixen.
2. Aus dieser Mischung 4 gleich große Pastetchen formen.
3. Die Patties in einer Pfanne mit Öl 5 Minuten pro Seite anbraten.
4. Heizen Sie Ihren Hamilton Beach Breakfast Sandwich Maker vor, bis die PREHEAT-Anzeige grün leuchtet.
5. Heben Sie die obere Abdeckung, den Ring und die Kochplatte ab.
6. Legen Sie eine Brotscheibe in das untere Fach des Sandwichmakers und verteilen Sie 1 Teelöffel Senf darauf.
7. Legen Sie eine Rindfleischpastete und eine Käsescheibe auf den Senf.
8. Senken Sie nun die Kochplatte und die oberen Ringe ab.
9. Eine weitere Brotscheibe darauf legen.
10. Decken Sie die obere Haube ab und lassen Sie das Sandwich 5 Minuten lang garen.
11. Drehen Sie den Griff der Kochplatte im Uhrzeigersinn bis zum Anschlag.
12. Die Haube abnehmen, die Ringe entfernen und das Sandwich auf einen Teller legen.
13. Wiederholen Sie den Vorgang mit den restlichen Zutaten.
14. Servieren.

Anregung zum Servieren: Servieren Sie das Sandwich mit einem Brokkolisalat als Beilage.

Variations-Tipp: Fügen Sie eine Schicht eingelegter Zwiebeln hinzu, um den Geschmack zu verändern.

Nährwertangaben pro Portion:

Kalorien 384 | Fett 25g | Natrium 460mg | Kohlenhydrate 6g | Ballaststoffe 0,4g | Zucker 2g | Protein 26g

Mayo Patty Melts

Vorbereitungszeit: 15 Minuten.

Kochzeit: 15 Minuten.

Dient: 3

Zutaten:

- 1 lb. Rinderhackfleisch
- 3 Esslöffel Chili-Gewürzmischung
- 2 Chipotle-Paprikaschoten in Adobo-Sauce, gehackt
- ½ flüssige Unze Bier
- ¼ Tasse Mayonnaise
- 1 Chipotle-Pfeffer in Adobo-Sauce, gehackt
- 6 (1 Unze) Scheiben Weißbrot, in 4 Zoll runde Scheiben geschnitten
- 6 (1/2 Unze) Scheiben Pepper Jack Käse

Vorbereitung:

1. Das Rindfleisch mit der Chili-Gewürzmischung, 2 Chipotle-Paprika und dem Bier in der Küchenmaschine 1 Minute lang mixen.
2. Aus dieser Mischung 3 gleich große Pastetchen formen.
3. Die Patties in einer Pfanne 5 Minuten pro Seite anbraten.
4. Heizen Sie Ihren Hamilton Beach Breakfast Sandwich Maker vor, bis die PREHEAT-Anzeige grün leuchtet.
5. Heben Sie die obere Abdeckung, den Ring und die Kochplatte ab.
6. Legen Sie eine Brotscheibe in das untere Fach des Sandwichmakers und bestreichen Sie sie mit ¼ Mayonnaise und Chipotle-Pfeffer.
7. Legen Sie ein Rindfleischpatty und eine Käsescheibe auf die Mayo.
8. Senken Sie nun die Kochplatte und die oberen Ringe ab.
9. Eine weitere Brotscheibe darauf legen.
10. Decken Sie die obere Haube ab und lassen Sie das Sandwich 5 Minuten lang garen.
11. Drehen Sie den Griff der Kochplatte im Uhrzeigersinn bis zum Anschlag.
12. Die Haube abnehmen, die Ringe entfernen und das Sandwich auf einen Teller legen.
13. Wiederholen Sie den Vorgang mit den restlichen Zutaten.
14. Servieren.

Serviervorschlag: Servieren Sie das Sandwich mit knusprigen Pommes frites als Beilage.

Variationstipp: Sie können auch ein Salatblatt in die Füllung geben.

Nährwertangaben pro Portion:

Kalorien 419 | Fett 13g | Natrium 432mg | Kohlenhydrate 9,1g | Ballaststoffe 3g | Zucker 1g | Protein 33g

Worcestershire Steak und Käse Sandwich

Vorbereitungszeit: 15 Minuten.

Kochzeit: 15 Minuten.

Dient: 4

Zutaten:

- 4 Hamburgerbrötchen, geteilt
- ½ Tasse Mayonnaise
- 3 Knoblauchzehen, gehackt
- 1 Esslöffel Parmesankäse
- 3 Esslöffel Olivenöl
- 2 Pfund Rundsteak, in Scheiben geschnitten
- 1 große Zwiebel, in Scheiben geschnitten und geviertelt
- 1 Prise grobes Meersalz
- ½ Teelöffel Worcestershire-Sauce
- ⅛ Teelöffel Flüssigrauch
- 8 Scheiben (1 Unze) Provolone-Käse
- ½ Teelöffel italienisches Gewürz

Vorbereitung:

1. Steakscheiben mit Zwiebel, Öl, Knoblauch, Salz, Rauch, italienischem Gewürz und Worcestershire-Sauce 10 Minuten lang anbraten.
2. Heizen Sie Ihren Hamilton Beach Breakfast Sandwich Maker vor, bis die PREHEAT-Anzeige grün leuchtet.
3. Heben Sie die obere Abdeckung, den Ring und die Kochplatte ab.
4. Legen Sie eine Brötchenhälfte mit der Schnittfläche nach oben in das untere Fach des Sandwichmakers.
5. Nun die Kochplatte und die oberen Ringe absenken, dann ¼ Rindfleisch und die restlichen Zutaten darauf geben.
6. Die andere obere Brötchenhälfte darauf legen.
7. Decken Sie die obere Haube ab und lassen Sie das Sandwich 5 Minuten lang garen.
8. Drehen Sie den Griff der Kochplatte im Uhrzeigersinn bis zum Anschlag.
9. Die Haube abnehmen, die Ringe entfernen und das Sandwich auf einen Teller legen.
10. Wiederholen Sie den Vorgang mit den restlichen Zutaten.
11. Servieren.

Serviervorschlag: Servieren Sie das Sandwich mit knusprigen Pommes frites als Beilage.

Variationstipp: Sie können auch ein Salatblatt in die Füllung geben.

Nährwertangaben pro Portion:

Kalorien 335 | Fett 25g | Natrium 122mg | Kohlenhydrate 3g | Ballaststoffe 0,4g | Zucker 1g | Protein 33g

Kapitel 6: Vegetarische Frühstücksrezepte

Salami-Käse-Sandwich

Vorbereitungszeit: 15 Minuten.

Kochzeit: 5 Minuten.

Dient: 1

Zutaten:

- 2 Scheiben dickes Weißbrot, in 4-Zoll-Kreise geschnitten
- 1 Scheibe Delikatessschinken
- 1 Scheibe harte Salami
- 1 Scheibe Provolone-Käse
- 1 Esslöffel gehackte schwarze Oliven
- 1 Esslöffel geröstete rote Paprika, gehackt
- 1 Teelöffel gehackte rote Zwiebel
- 1 Knoblauchzehe, gehackt
- Salz und schwarzer Pfeffer nach Geschmack
- 1 großes Ei

Vorbereitung:

1. Heizen Sie Ihren Hamilton Beach Breakfast Sandwich Maker vor.
2. Heben Sie die obere Abdeckung, den Ring und die Kochplatte ab.
3. Legen Sie eine der Brotscheiben in den Sandwichmaker.
4. Oliven, rote Paprika, rote Zwiebeln und Knoblauch verrühren.
5. Mit Salz und schwarzem Pfeffer würzen und gut umrühren.
6. Den Schinken und die Salami auf das Brot schichten und mit der Olivenmischung bedecken.
7. Die Olivenmischung mit einer Scheibe Provolonekäse belegen.
8. Nun die Kochplatte und die oberen Ringe absenken und das Ei hineinschlagen.
9. Den anderen Kreis des Brotes darauf legen.
10. Decken Sie die obere Haube ab und lassen Sie das Sandwich 5 Minuten lang garen.
11. Drehen Sie den Griff der Kochplatte nach dem Kochen im Uhrzeigersinn bis zum Anschlag.
12. Die Haube abnehmen, die Ringe entfernen und das Sandwich auf einen Teller legen.
13. Servieren.

Anregung zum Servieren: Servieren Sie das Sandwich mit knusprigem Speck und Ihrer Lieblingssoße auf der Seite.

Variations-Tipp: Sie können auch eine Schicht Ihrer Lieblingssauce auf die Füllung geben.

Nährwertangaben pro Portion:

Kalorien 361 | Fett 16g | Natrium 515mg | Kohlenhydrate 19,3g | Ballaststoffe 0,1g | Zucker 18,2g | Protein 33,3g

Klassische Margherita-Fladenbrot-Sandwiches

Vorbereitungszeit: 15 Minuten.

Kochzeit: 5 Minuten.

Dient: 2

Zutaten:

- 1 rundes Fladenbrot, in 4-Zoll-Kreise geschnitten
- 1 Teelöffel Olivenöl
- 1 Knoblauchzehe, gehackt
- 1 Scheibe Mozzarella-Käse
- 2 dünne Scheiben einer reifen Tomate
- 1 dünn geschnittene rote Zwiebel
- 4 frische Basilikumblätter
- Prise getrockneter Oregano
- 1 großes Ei, verquirlt
- 2 Teelöffel geriebener Parmesankäse

Vorbereitung:

1. Heizen Sie Ihren Hamilton Beach Breakfast Sandwich Maker vor.
2. Heben Sie die obere Abdeckung, den Ring und die Kochplatte ab.
3. Legen Sie die untere Hälfte des Muffins in den Sandwichmaker.
4. Das Fladenbrot mit dem Olivenöl bestreichen und mit Knoblauch bestreuen.
5. ½ der Tomaten, die rote Zwiebel und die Basilikumblätter hinzufügen und mit getrocknetem Oregano bestreuen.
6. ½ des Mozzarella-Käses auf das Gemüse geben.
7. Nun die Kochplatte und die oberen Ringe absenken und das Ei hineingießen.
8. Den anderen Kreis des Brotes darauf legen.
9. Decken Sie die obere Haube ab und lassen Sie das Sandwich 5 Minuten lang garen.
10. Nach Beendigung des Garvorgangs drehen Sie den Griff der Kochplatte im Uhrzeigersinn bis zum Anschlag.
11. Die Haube abnehmen, die Ringe entfernen und das Sandwich auf einen Teller legen.
12. Das Sandwich mit Parmesankäse bestreuen und genießen.
13. Wiederholen Sie diese Schritte mit den restlichen Zutaten.
14. Servieren.

Anregung zum Servieren: Servieren Sie das Sandwich mit Ihrer Lieblingssauce als Beilage.

Variationstipp: Sie können auch etwas Paprika über die Füllung träufeln.

Nährwertangaben pro Portion:

Kalorien 336 | Fett 12,8g | Natrium 40mg | Kohlenhydrate 4,2g | Ballaststoffe 1g | Zucker 0,7g | Protein 50,7g

Burger mit Rucola und Rote Bete

Vorbereitungszeit: 15 Minuten.

Kochzeit: 15 Minuten.

Dient: 4

Zutaten:

- ¼ Tasse ungekochter brauner Reis
- ¾ Tasse Wasser
- 1 Schalotte, geschält und geviertelt
- 1 große Rübe, geschält und geviertelt
- 1 Tasse schwarze Bohnen in Dosen, abgespült und abgetropft
- 1 großes Ei
- ½ Tasse Semmelbrösel
- 2 Esslöffel frische Petersilie, gehackt
- 1 Teelöffel gemahlener Kreuzkümmel
- ¼ Teelöffel schwarzer Pfeffer
- ¼ Teelöffel koscheres Salz
- 4 entkernte Brötchen, geteilt
- 1 Tasse Baby-Rucola
- Tahini oder Tzatziki, zum Servieren

Vorbereitung:

1. Reis mit ¾ Tasse Wasser in einem Topf weich kochen, dann abgießen.
2. Die Rüben in einem mit Wasser gefüllten Topf kochen, bis sie weich sind, dann schälen und in Stücke schneiden.
3. Schwarze Bohnen mit Reis, Rüben, Ei, Bröseln, Petersilie, Kreuzkümmel, schwarzem Pfeffer und Salz in einer Küchenmaschine 1 Minute lang mixen.
4. Eine geeignete Pfanne mit Olivenöl auf mittlerer bis hoher Stufe erhitzen.
5. Aus der Putenmischung 4 gleich große Pastetchen formen.
6. Die Bohnenpastetchen im Öl 5 Minuten pro Seite anbraten.
7. Heizen Sie Ihren Hamilton Beach Breakfast Sandwich Maker vor, bis die PREHEAT-Anzeige grün leuchtet.
8. Heben Sie die obere Abdeckung, den Ring und die Kochplatte ab.
9. Legen Sie eine Brötchenhälfte mit der Schnittfläche nach oben in das untere Fach des Sandwichmakers.
10. Nun die Kochplatte und die oberen Ringe absenken, dann eine Bohnenpastete und ¼ Tasse Rucola darauf legen.
11. Die andere obere Brötchenhälfte darauf legen.
12. Die Haube abdecken und den Burger 5 Minuten garen lassen.
13. Drehen Sie den Griff der Kochplatte im Uhrzeigersinn bis zum Anschlag.
14. Die Haube abnehmen, die Ringe entfernen und den Burger auf einen Teller legen.
15. Wiederholen Sie die gleichen Schritte mit den restlichen Zutaten.
16. Servieren.

Anregung zum Servieren: Servieren Sie das Sandwich mit einem Brokkolisalat als Beilage.

Variations-Tipp: Genießen Sie sautiertes Gemüse als Beilage, um den Geschmack zu verändern.

Nährwertangaben pro Portion:

Kalorien 199 | Fett 11,1g | Natrium 297mg | Kohlenhydrate 14,9g | Ballaststoffe 1g | Zucker 2,5g | Eiweiß 9,9g

Avocado-Pilz-Burger

Vorbereitungszeit: 15 Minuten.

Kochzeit: 15 Minuten.

Dient: 4

Zutaten:

- 4 Portobello-Pilze, waagerecht halbiert
- 1 mittelgroße Zwiebel, in Scheiben geschnitten
- 3 Esslöffel Olivenöl
- ¾ Teelöffel Salz
- ½ Teelöffel schwarzer Pfeffer
- 1 Avocado, geschält und in Scheiben geschnitten
- 2 Esslöffel Joghurt
- ½ Teelöffel Knoblauch, gehackt
- 4 Hamburgerbrötchen, halbiert
- 4 geröstete rote Paprikaschoten aus dem Glas

Vorbereitung:

1. Champignons, Zwiebeln, Salz, schwarzer Pfeffer, Avocado, Joghurt und Knoblauch in der Küchenmaschine 1 Minute lang pürieren.
2. Eine geeignete Pfanne mit Olivenöl auf mittlerer bis hoher Stufe erhitzen.
3. Aus der Pilzmischung 4 gleich große Pastetchen formen.
4. Die Pilzfrikadellen im Öl 5 Minuten pro Seite anbraten.
5. Heizen Sie Ihren Hamilton Beach Breakfast Sandwich Maker vor, bis die PREHEAT-Anzeige grün leuchtet.
6. Heben Sie die obere Abdeckung, den Ring und die Kochplatte ab.
7. Legen Sie eine Brötchenhälfte mit der Schnittfläche nach oben in das untere Fach des Sandwichmakers.
8. Nun die Kochplatte und die oberen Ringe absenken und eine Frikadelle und eine rote Paprika darauf legen.
9. Die andere obere Brötchenhälfte darauf legen.
10. Die Haube abdecken und den Burger 5 Minuten garen lassen.
11. Drehen Sie den Griff der Kochplatte im Uhrzeigersinn bis zum Anschlag.
12. Die Haube abnehmen, die Ringe entfernen und den Burger auf einen Teller legen.
13. Wiederholen Sie die gleichen Schritte mit den restlichen Zutaten.
14. Servieren.

Anregung zum Servieren: Servieren Sie das Sandwich mit knusprigen Karottenchips als Beilage.

Variationstipp: Sie können auch ein Salatblatt in die Füllung geben.

Nährwertangaben pro Portion:

Kalorien 282 | Fett 15g | Natrium 526mg | Kohlenhydrate 20g | Ballaststoffe 0,6g | Zucker 3,3g | Protein 16g

Schwarze Bohnen-Knoblauch-Tomaten-Burger

Vorbereitungszeit: 15 Minuten.

Kochzeit: 15 Minuten.

Dient: 4

Zutaten:

- 1 (14-Unzen) Dose schwarze Bohnen, gut abgetropft
- 2 Esslöffel Olivenöl
- 2 Scheiben Brot, zerkrümelt
- ½ mittelgroße Zwiebel, gewürfelt
- ½ Teelöffel Gewürzsalz
- 1 Teelöffel Knoblauchpulver
- 1 Teelöffel Zwiebelpulver
- 1 Prise schwarzer Pfeffer
- 1 Prise koscheres Salz
- ½ Tasse Allzweckmehl
- ½ mittelgroße rote Zwiebel, in Scheiben geschnitten
- 2 mittelgroße rote Heirloom-Tomaten, in Scheiben geschnitten
- 6 Blätter Kopfsalat
- 4 Brötchen, geteilt

Vorbereitung:

1. Schwarze Bohnen, zerbröseltes Brot, Zwiebel, Salz, Knoblauchpulver und Zwiebelpulver in einer Küchenmaschine 1 Minute lang mixen.
2. Eine geeignete Pfanne mit Olivenöl auf mittlerer bis hoher Stufe erhitzen.
3. Aus dieser Bohnenmischung 4 gleich große Pastetchen formen.
4. Die Bohnenpastetchen im Öl 5 Minuten pro Seite anbraten.
5. Heizen Sie Ihren Hamilton Beach Breakfast Sandwich Maker vor, bis die PREHEAT-Anzeige grün leuchtet.
6. Heben Sie die obere Abdeckung, den Ring und die Kochplatte ab.
7. Legen Sie eine Brötchenhälfte mit der Schnittfläche nach oben in das untere Fach des Sandwichmakers.
8. Nun die Kochplatte und die oberen Ringe absenken, dann ein Patty, ein Salatblatt, eine Zwiebelscheibe und eine Tomatenscheibe darauf legen.
9. Die andere obere Brötchenhälfte darauf legen.
10. Die Haube abdecken und den Burger 5 Minuten garen lassen.
11. Drehen Sie den Griff der Kochplatte im Uhrzeigersinn bis zum Anschlag.
12. Die Haube abnehmen, die Ringe entfernen und den Burger auf einen Teller legen.
13. Wiederholen Sie die gleichen Schritte mit den restlichen Zutaten.
14. Servieren.

Anregung zum Servieren: Servieren Sie das Sandwich mit knusprigen Zucchini-Pommes frites als Beilage.

Variations-Tipp: Fügen Sie eine Schicht eingelegter Zwiebeln hinzu, um den Geschmack zu verändern.

Nährwertangaben pro Portion:
Kalorien 229 | Fett 1,9 | Natrium 567mg | Kohlenhydrate 1,9g | Ballaststoffe 0,4g | Zucker 0,6g | Protein 11,8g

BLT-Sandwich mit Tempeh und Karotten

Vorbereitungszeit: 15 Minuten.

Kochzeit: 15 Minuten.

Dient: 2

Zutaten:

- 2 große Möhren, gewaschen und geschält
- 1 (8 Unzen) Paket Tempeh, in Scheiben geschnitten
- 4 Scheiben Brot, in 4 Zoll große Stücke geschnitten
- 4 Esslöffel vegane Mayo
- 4 Blätter Romanasalat
- 2 große Beefsteak-Tomaten, in Scheiben geschnitten

Marinade

- ¼ Tasse Tamari
- 3 Esslöffel Ahornsirup
- ¼ Teelöffel Zwiebelpulver
- 1 Teelöffel Flüssigrauch
- 2 Teelöffel Apfelessig
- ¼ Teelöffel geräucherter Paprika
- Schwarzer Pfeffer, nach Geschmack

Vorbereitung:

1. Alle Zutaten für die Marinade in einer Schüssel vermischen und das Tempeh hinzufügen.
2. Gut bestreichen, abdecken und 30 Minuten marinieren.
3. Das Tempeh in einer Pfanne mit Öl 5 Minuten pro Seite anbraten.
4. Heizen Sie Ihren Hamilton Beach Breakfast Sandwich Maker vor, bis die PREHEAT-Anzeige grün leuchtet.
5. Heben Sie die obere Abdeckung, den Ring und die Kochplatte ab.
6. Legen Sie eine Brotscheibe in das untere Fach des Sandwichmakers.
7. Die Hälfte der Mayo, Tempeh, Karotten, Tomaten und Salat hinzufügen.
8. Eine weitere Brotscheibe darauf legen.
9. Senken Sie nun die Kochplatte und die oberen Ringe ab.
10. Decken Sie die obere Haube ab und lassen Sie das Sandwich 5 Minuten lang garen.
11. Drehen Sie den Griff der Kochplatte im Uhrzeigersinn bis zum Anschlag.
12. Die Haube abnehmen, die Ringe entfernen und das Sandwich auf einen Teller legen.
13. Wiederholen Sie die gleichen Schritte mit den restlichen Zutaten.
14. Servieren.

Anregung zum Servieren: Servieren Sie das Sandwich mit knusprigem Speck und Ihrer Lieblingssoße auf der Seite.

Variations-Tipp: Fügen Sie eine Schicht eingelegtes Gemüse hinzu, um den Geschmack zu verändern.

Nährwertangaben pro Portion:
Kalorien 284 | Fett 7,9g | Natrium 704mg | Kohlenhydrate 38,1g | Ballaststoffe 1,9g | Zucker 1,9g | Protein 14,8g

Tofu-Burger mit Knoblauch

Vorbereitungszeit: 15 Minuten.
Kochzeit: 15 Minuten.
Dient: 6
Zutaten:
Burger

- ½ (14 Unzen) extra-fester Tofu, abgetropft
- 1 mittelgroße Zwiebel, gewürfelt
- 3 grüne Zwiebeln, gewürfelt
- 2 Esslöffel Weizenkeime
- 2 Esslöffel Allzweckmehl
- 2 Esslöffel Knoblauchpulver
- 2 Esslöffel Sojasauce
- Eine Prise Pfeffer
- 1 Esslöffel Öl zum Braten

Bedienung von

- 6 Hamburger-Brötchen
- 6 Kopfsalatblätter
- 6 Scheiben Tomate

Vorbereitung:

1. Tofu mit Zwiebeln, Frühlingszwiebeln, Weizenkeimen, Mehl, Knoblauchpulver, Sojasauce und schwarzem Pfeffer in einer Küchenmaschine 1 Minute lang mixen.
2. Eine geeignete Pfanne mit Olivenöl auf mittlerer bis hoher Stufe erhitzen.
3. Aus der Putenmischung 6 gleich große Pastetchen formen.
4. Die Tofuplatten in dem Öl 5 Minuten pro Seite anbraten.
5. Heizen Sie Ihren Hamilton Beach Breakfast Sandwich Maker vor, bis die PREHEAT-Anzeige grün leuchtet.
6. Heben Sie die obere Abdeckung, den Ring und die Kochplatte ab.
7. Legen Sie eine Brötchenhälfte mit der Schnittfläche nach oben in das untere Fach des Sandwichmakers.
8. Senken Sie nun die Kochplatte und die oberen Ringe ab und legen Sie ein Patty, ein Salatblatt und eine Tomatenscheibe darauf.
9. Die andere obere Brötchenhälfte darauf legen.
10. Die Haube abdecken und den Burger 5 Minuten garen lassen.
11. Drehen Sie den Griff der Kochplatte im Uhrzeigersinn bis zum Anschlag.
12. Die Haube abnehmen, die Ringe entfernen und den Burger auf einen Teller legen.
13. Wiederholen Sie die gleichen Schritte mit den restlichen Zutaten.

14. Servieren.

Serviervorschlag: Servieren Sie das Sandwich mit knusprigen Pommes frites als Beilage.

Variations-Tipp: Fügen Sie eine Schicht eingelegtes Gemüse hinzu, um den Geschmack zu verändern.

Nährwertangaben pro Portion:

Kalorien 180 | Fett 3,2g | Natrium 133mg | Kohlenhydrate 32g | Ballaststoffe 1,1g | Zucker 1,8g | Protein 9g

Florentiner Kekse mit Joghurt

Vorbereitungszeit: 15 Minuten.

Kochzeit: 7 Minuten.

Dient: 1

Zutaten:

- 2 Scheiben Mehrkornbrot, in 4-Zoll-Kreise geschnitten
- 1 großes Ei, verquirlt
- 2 Esslöffel fettarmer Joghurt
- ¼ Teelöffel Dijon-Senf
- ½ Tasse Babyspinat
- 1 Esslöffel gehackte gelbe Zwiebel
- 1 Teelöffel Olivenöl

Vorbereitung:

1. Das Öl in einer geeigneten Pfanne auf mittlerer Stufe erhitzen. Die Zwiebel und den Spinat hinzufügen und gut umrühren.
2. Unter Rühren fast 2 Minuten kochen, bis der Spinat gerade welk ist. Beiseite stellen.
3. Heizen Sie Ihren Hamilton Beach Breakfast Sandwich Maker vor.
4. Heben Sie die obere Abdeckung, den Ring und die Kochplatte ab.
5. Legen Sie eine Brotscheibe in den Sandwichmaker.
6. Joghurt und Senf in einer kleinen Schüssel verquirlen und über die Brotscheiben streichen.
7. Das Brot mit der gekochten Spinat-Zwiebel-Mischung belegen.
8. Nun die Kochplatte und die oberen Ringe absenken, dann das Ei hineingießen.
9. Den anderen Kreis des Brotes darauf legen.
10. Decken Sie die obere Haube ab und lassen Sie das Sandwich 5 Minuten lang garen.
11. Nach Beendigung des Garvorgangs drehen Sie den Griff der Kochplatte im Uhrzeigersinn bis zum Anschlag.
12. Die Haube abnehmen, die Ringe entfernen und das Sandwich auf einen Teller legen.
13. Servieren.

Anregung zum Servieren: Servieren Sie das Sandwich mit Krautsalat und Ihrer Lieblingssoße auf der Seite.

Variations-Tipp: Fügen Sie der Füllung zusätzlich einige getrocknete Kräuter hinzu.

Nährwertangaben pro Portion:

Kalorien 305 | Fett 12,7g | Natrium 227mg | Kohlenhydrate 26,1g | Ballaststoffe 1,4g | Zucker 0,9g | Protein 35,2g

Salsa-Schwarzbohnen-Burger

Vorbereitungszeit: 15 Minuten.

Kochzeit: 15 Minuten.

Zutaten: 8

Zutaten:

- 2 (15-Unzen-) Dosen schwarze Bohnen, abgetropft
- ½ Tasse Weizenvollkornmehl
- ¼ Tasse gelbes Maismehl
- ½ Tasse Salsa
- 2 Teelöffel gemahlener Kreuzkümmel
- 1 Teelöffel Knoblauchsalz
- 8 Hamburgerbrötchen, halbiert

Vorbereitung:

1. Bohnen mit Vollkornmehl, Maismehl, Salsa, Kreuzkümmel und Salz in einer Küchenmaschine 1 Minute lang mixen.
2. Eine geeignete Pfanne mit Olivenöl auf mittlerer bis hoher Stufe erhitzen.
3. Aus der Bohnenmischung 8 gleich große Pastetchen formen.
4. Die Bohnenpastetchen im Öl 5 Minuten pro Seite anbraten.
5. Heizen Sie Ihren Hamilton Beach Breakfast Sandwich Maker vor, bis die PREHEAT-Anzeige grün leuchtet.
6. Heben Sie die obere Abdeckung, den Ring und die Kochplatte ab.
7. Legen Sie eine Brötchenhälfte mit der Schnittfläche nach oben in das untere Fach des Sandwichmakers.
8. Senken Sie nun die Kochplatte und die oberen Ringe ab, und legen Sie eine Frikadelle darauf.
9. Die andere obere Brötchenhälfte darauf legen.
10. Die Haube abdecken und den Burger 5 Minuten garen lassen.
11. Drehen Sie den Griff der Kochplatte im Uhrzeigersinn bis zum Anschlag.
12. Die Haube abnehmen, die Ringe entfernen und den Burger auf einen Teller legen.
13. Wiederholen Sie die gleichen Schritte mit den restlichen Zutaten.
14. Servieren.

Anregung zum Servieren: Servieren Sie das Sandwich mit knusprigen Süßkartoffelpommes als Beilage.

Variations-Tipp: Fügen Sie eine Schicht würzige Mayo und eingelegtes Gemüse hinzu, um den Geschmack zu verändern.

Nährwertangaben pro Portion:

Kalorien 209 | Fett 7,5g | Natrium 321mg | Kohlenhydrate 34,1g | Ballaststoffe 4g | Zucker 3,8g | Protein 4,3g

Knoblauch-Büffel-Kichererbsen-Burger

Vorbereitungszeit: 15 Minuten.

Kochzeit: 12 Minuten.

Dient: 4

Zutaten:

- 1 Teelöffel Rapsöl
- ¼ Tasse gehackte Zwiebel
- 1 gehackte Knoblauchzehe
- 1 ½ Tassen Kichererbsen aus der Dose, abgetropft
- 3 Esslöffel Frank's Red Hot Sauce
- 1 Esslöffel milchfreie Butter
- ¼ Teelöffel granulierte Zwiebel
- 4 Hamburgerbrötchen, halbiert

Vorbereitung:

1. Kichererbsen mit Öl, Zwiebel, Knoblauch, roter Soße, Zwiebel und Butter in einer Pfanne 7 Minuten lang anbraten.
2. Heizen Sie Ihren Hamilton Beach Breakfast Sandwich Maker vor, bis die PREHEAT-Anzeige grün leuchtet.
3. Heben Sie die obere Abdeckung, den Ring und die Kochplatte ab.
4. Legen Sie eine Brötchenhälfte mit der Schnittfläche nach oben in das untere Fach des Sandwichmakers.
5. ¼ der Kichererbsen auf dem Brötchen verteilen.
6. Senken Sie nun die Kochplatte und die oberen Ringe ab.
7. Die andere obere Hälfte des Muffins auflegen.
8. Die Haube abdecken und den Burger 5 Minuten garen lassen.
9. Drehen Sie den Griff der Kochplatte im Uhrzeigersinn bis zum Anschlag.
10. Die Haube abnehmen, die Ringe entfernen und den Burger auf einen Teller legen.
11. Wiederholen Sie die gleichen Schritte mit den restlichen Zutaten.
12. Servieren.

Serviervorschlag: Servieren Sie das Sandwich mit knusprigen Pommes frites als Beilage.

Variations-Tipp: Fügen Sie eine Schicht würzige Mayo und eingelegtes Gemüse hinzu, um den Geschmack zu verändern.

Nährwertangaben pro Portion:

Kalorien 282 | Fett 15g | Natrium 526mg | Kohlenhydrate 20g | Ballaststoffe 0,6g | Zucker 3,3g | Protein 16g

Burger mit Kohl und Jackfrucht

Vorbereitungszeit: 15 Minuten.

Kochzeit: 25 Minuten.

Zutaten: 2

Zutaten:

- ½ lb. Dose Jackfruit
- 5 Esslöffel Jerk-Barbecue-Marinade
- ¼ Rotkohl, zerkleinert
- 1 Karotte, geschält und in Streifen geschnitten
- 2 Frühlingszwiebeln, gewürfelt
- 5 Esslöffel vegane Mayonnaise
- 2 vegane Burgerbrötchen, halbiert
- 1 Esslöffel gehackter frischer Koriander
- Salz und schwarzer Pfeffer, nach Geschmack

Vorbereitung:

1. Jackfruits mit Jerk-Barbecue-Marinade, geschälter Karotte, Koriander, schwarzem Pfeffer, Salz, Kohl, Karotte und Frühlingszwiebeln auf einem Backblech mischen.
2. Heizen Sie den Ofen auf 350 Grad F vor.
3. Die Jackfruit-Mischung 20 Minuten lang backen und dann mit einer Gabel zerkleinern.
4. Heizen Sie Ihren Hamilton Beach Breakfast Sandwich Maker vor, bis die PREHEAT-Anzeige grün leuchtet.
5. Heben Sie die obere Abdeckung, den Ring und die Kochplatte ab.
6. Legen Sie eine Brötchenhälfte mit der Schnittfläche nach oben in das untere Fach des Sandwichmakers.
7. ½ der Mayonnaise und die Jackfrucht hinzufügen.
8. Senken Sie nun die Kochplatte und die oberen Ringe ab.
9. Die andere obere Hälfte des Muffins auflegen.
10. Die Haube abdecken und den Burger 5 Minuten garen lassen.
11. Drehen Sie den Griff der Kochplatte im Uhrzeigersinn bis zum Anschlag.
12. Die Haube abnehmen, die Ringe entfernen und den Burger auf einen Teller legen.
13. Wiederholen Sie die gleichen Schritte mit den restlichen Zutaten.
14. Servieren.

Anregung zum Servieren: Servieren Sie das Sandwich mit einem Blumenkohl-Speck-Salat als Beilage.

Variationstipp: Sie können auch ein Salatblatt in die Füllung geben.

Nährwertangaben pro Portion:

Kalorien 282 | Fett 15g | Natrium 526mg | Kohlenhydrate 20g | Ballaststoffe 0,6g | Zucker 3,3g | Protein 16g

Kapitel 7: Obst-Frühstücks-Sandwich-Rezepte

Cheddar-Apfel-Croissant

Vorbereitungszeit: 15 Minuten.

Kochzeit: 5 Minuten.

Dient: 2

Zutaten:

- 2 kleine Croissants
- 2 große Eier
- 1 kleiner Granny Smith Apfel
- 2 Scheiben vorgekochter Speck
- ¼ Tasse geschredderter Cheddarkäse

Vorbereitung:

1. Schneiden Sie den Apfel in runde Scheiben und achten Sie darauf, dass die Scheiben sehr dünn sind.
2. Lassen Sie die Schale dran, da sie viele Nährstoffe enthält.
3. Heizen Sie Ihren Hamilton Beach Breakfast Sandwich Maker vor.
4. Heben Sie die obere Abdeckung, den Ring und die Kochplatte ab.
5. Legen Sie die untere Hälfte des Croissants in den Sandwichmaker.
6. Das Croissant mit ½ des geriebenen Cheddarkäses belegen.
7. Legen Sie ½ der Apfelscheiben auf den Käse, dann 1 Scheibe des vorgekochten Specks, die Sie halbieren, damit sie auf das Croissant passt.
8. Die beiden Eier in einer Schüssel mit einem Schneebesen verquirlen.
9. Nun die Kochplatte und die oberen Ringe absenken, dann das Ei hineingießen.
10. Legen Sie die andere obere Hälfte des Croissants darauf.
11. Decken Sie die obere Haube ab und lassen Sie das Sandwich 5 Minuten lang garen.
12. Nach Beendigung des Garvorgangs drehen Sie den Griff der Kochplatte im Uhrzeigersinn bis zum Anschlag.
13. Die Haube abnehmen, die Ringe entfernen und das Sandwich auf einen Teller legen.
14. Wiederholen Sie diese Schritte mit den restlichen Zutaten.
15. Servieren.

Anregung zum Servieren: Servieren Sie das Sandwich mit Ihrer Lieblingssauce als Beilage.

Variationstipp: Sie können auch ein Salatblatt in die Füllung geben.

Nährwertangaben pro Portion:

Kalorien 251 | Fett 9g | Natrium 412mg | Kohlenhydrate 43g | Ballaststoffe 5,3g | Zucker 1g | Protein 3g

Zartbitterschokoladen-Sandwich mit Kirschen

Vorbereitungszeit: 15 Minuten.

Kochzeit: 5 Minuten.

Dient: 2

Zutaten:

- 4 Scheiben Vollkornbrot, in 4-Zoll-Kreise geschnitten
- ½ Teelöffel leichte Butter
- ¼ Tasse Kirschen, leicht zerdrückt
- 6 Stück Zartbitterschokolade 70% Kakao, leicht zerkleinert

Vorbereitung:

1. Die Kirschen und die Zartbitterschokolade miteinander vermischen.
2. Aus der Schokoladen-Kirsch-Mischung zwei Sandwiches machen.
3. Heizen Sie Ihren Hamilton Beach Breakfast Sandwich Maker vor.
4. Heben Sie die obere Abdeckung, den Ring und die Kochplatte ab.
5. Jede Sandwichmaker-Form leicht mit Butter bestreichen.
6. Legen Sie ein Sandwich in den Sandwichmaker.
7. Senken Sie nun die Kochplatte und die oberen Ringe ab.
8. Decken Sie die obere Haube ab und lassen Sie das Sandwich 5 Minuten lang garen.
9. Nach Beendigung des Garvorgangs drehen Sie den Griff der Kochplatte im Uhrzeigersinn bis zum Anschlag.
10. Die Haube abnehmen, die Ringe entfernen und das Sandwich auf einen Teller legen.
11. Wiederholen Sie diese Schritte mit den restlichen Zutaten.
12. Servieren.

Anregung zum Servieren: Servieren Sie das Sandwich mit knusprigem Speck und Ihrer Lieblingssoße auf der Seite.

Variations-Tipp: Fügen Sie der Füllung zusätzlich einige getrocknete Kräuter hinzu.

Nährwertangaben pro Portion:

Kalorien 186| Fett 9 g | Natrium 124mg | Kohlenhydrate 23 g | Ballaststoffe 0,4g | Zucker 11,5 g | Eiweiß 3,2 g

Erdnussbutter-Bananen-Sandwich

Vorbereitungszeit: 15 Minuten.

Kochzeit: 5 Minuten.

Dient: 2

Zutaten:

- 4 Scheiben Weizenvollkornbrot, in 4-Zoll-Kreise geschnitten
- ½ Teelöffel leichte Butter
- 1 mittelgroße Banane, leicht zerdrückt
- 1 Esslöffel Erdnussbutter

Vorbereitung:

1. Zwei Sandwiches mit Erdnussbutteraufstrich und zerdrückten Bananen belegen.
2. Heizen Sie Ihren Hamilton Beach Breakfast Sandwich Maker vor.
3. Heben Sie die obere Abdeckung, den Ring und die Kochplatte ab.
4. Jede Sandwichmaker-Form leicht mit Butter bestreichen.
5. Legen Sie ein Sandwich in den Sandwichmaker.
6. Senken Sie nun die Kochplatte und die oberen Ringe ab.
7. Decken Sie die obere Haube ab und lassen Sie das Sandwich 5 Minuten lang garen.
8. Nach Beendigung des Garvorgangs drehen Sie den Griff der Kochplatte im Uhrzeigersinn bis zum Anschlag.
9. Die Haube abnehmen, die Ringe entfernen und das Sandwich auf einen Teller legen.
10. Wiederholen Sie diese Schritte mit den restlichen Zutaten.
11. Heiß servieren.

Anregung zum Servieren: Servieren Sie das Sandwich mit Ihrer Lieblingssauce als Beilage.

Variations-Tipp: Geben Sie zusätzlich etwas gemahlenen schwarzen Pfeffer in die Füllung.

Nährwertangaben pro Portion:

Kalorien 121 | Fett 7,1 g | Natrium 110mg | Kohlenhydrate 5 g | Ballaststoffe 0,5g | Zucker 1,1 g | Eiweiß 10 g

Ahorn-Apfel-Sandwich

Vorbereitungszeit: 15 Minuten.

Kochzeit: 5 Minuten.

Dient: 2

Zutaten:

- 4 Scheiben Weizenvollkornbrot, in 4-Zoll-Kreise geschnitten
- ½ Teelöffel leichte Butter
- ½ Apfel, in Scheiben geschnitten
- 1 Teelöffel gemahlener Zimt
- 2 Teelöffel reiner Ahornsirup

Vorbereitung:

1. Jede Brotscheibe mit Ahornsirup bestreichen.
2. Zwei Sandwiches mit Apfelscheiben und Zimtpulver bestreut belegen.
3. Heizen Sie Ihren Hamilton Beach Breakfast Sandwich Maker vor.
4. Heben Sie die obere Abdeckung, den Ring und die Kochplatte ab. Jede Sandwichmaker-Form leicht mit Butter bestreichen.
5. Legen Sie ein Sandwich in den Sandwichmaker.
6. Senken Sie nun die Kochplatte und die oberen Ringe ab.
7. Decken Sie die obere Haube ab und lassen Sie das Sandwich 5 Minuten lang garen.
8. Nach Beendigung des Garvorgangs drehen Sie den Griff der Kochplatte im Uhrzeigersinn bis zum Anschlag.
9. Die Haube abnehmen, die Ringe entfernen und das Sandwich auf einen Teller legen.
10. Wiederholen Sie diese Schritte mit den restlichen Zutaten.
11. Servieren.

Anregung zum Servieren: Servieren Sie das Sandwich mit knusprigem Speck und Ihrer Lieblingssoße auf der Seite.

Variations-Tipp: Fügen Sie der Füllung zusätzlich einige getrocknete Kräuter hinzu.

Nährwertangaben pro Portion:

Kalorien 266 | Fett 11,8g | Natrium 267mg | Kohlenhydrate 37,6g | Ballaststoffe 2,3g | Zucker 5g | Protein 2,2g

Pistazien-Baklava-Sandwich

Vorbereitungszeit: 15 Minuten.

Kochzeit: 5 Minuten.

Dient: 2

Zutaten:

- 4 Scheiben Weizenvollkornbrot, in 4-Zoll-Kreise geschnitten
- ½ Teelöffel leichte Butter
- ¼ Tasse Pistazien, zerkleinert
- 2 Teelöffel Wildhonig
- ½ Teelöffel gemahlener Zimt

Vorbereitung:

1. Heizen Sie Ihren Hamilton Beach Breakfast Sandwich Maker vor.
2. Heben Sie die obere Abdeckung, den Ring und die Kochplatte ab.
3. Jede Sandwichmaker-Form leicht mit Butter bestreichen.
4. Pistazien, Wildhonig und Zimt miteinander vermischen.
5. Aus der Pistazienmischung zwei Sandwiches machen.
6. Legen Sie ein Sandwich in den Sandwichmaker.
7. Senken Sie nun die Kochplatte und die oberen Ringe ab.
8. Decken Sie die obere Haube ab und lassen Sie das Sandwich 5 Minuten lang garen.
9. Nach Beendigung des Garvorgangs drehen Sie den Griff der Kochplatte im Uhrzeigersinn bis zum Anschlag.
10. Die Haube abnehmen, die Ringe entfernen und das Sandwich auf einen Teller legen.
11. Wiederholen Sie diese Schritte mit den restlichen Zutaten.
12. Servieren.

Anregung zum Servieren: Servieren Sie das Sandwich mit knusprigem Speck und Ihrer Lieblingssoße auf der Seite.

Variations-Tipp: Sie können auch eine Schicht Ihrer Lieblingssauce auf die Füllung geben.

Nährwertangaben pro Portion:

Kalorien 250 | Fett 13,6g | Natrium 99mg | Kohlenhydrate 30,7g | Ballaststoffe 0,4g | Zucker 22,1g | Protein 2,4g

Schokoladen-Nuss-Sandwich

Vorbereitungszeit: 15 Minuten.

Kochzeit: 5 Minuten.

Dient: 2

Zutaten:

- 4 Scheiben Weizenvollkornbrot, in 4-Zoll-Kreise geschnitten
- ½ Teelöffel leichte Butter
- ¼ Tasse geröstete Macadamia-Nüsse, gehackt
- 6 Quadrate weiße Schokolade, leicht zerkleinert

Vorbereitung:

1. Zwei Sandwiches mit Macadamia-Splittern und weißen Schokoladenstückchen bestreuen.
2. Heizen Sie Ihren Hamilton Beach Breakfast Sandwich Maker vor.
3. Heben Sie die obere Abdeckung, den Ring und die Kochplatte ab.
4. Legen Sie ein Sandwich in den Sandwichmaker.
5. Jede Sandwichmaker-Form leicht mit Butter bestreichen.
6. Senken Sie nun die Kochplatte und die oberen Ringe ab.
7. Decken Sie die obere Haube ab und lassen Sie das Sandwich 5 Minuten lang garen.
8. Nach Beendigung des Garvorgangs drehen Sie den Griff der Kochplatte im Uhrzeigersinn bis zum Anschlag.
9. Die Haube abnehmen, die Ringe entfernen und das Sandwich auf einen Teller legen.
10. Wiederholen Sie diese Schritte mit den restlichen Zutaten.
11. Servieren.

Anregung zum Servieren: Servieren Sie das Sandwich mit knusprigem Speck und Ihrer Lieblingssoße auf der Seite.

Variations-Tipp: Fügen Sie der Füllung zusätzlich einige getrocknete Kräuter hinzu.

Nährwertangaben pro Portion:

Kalorien 149 | Fett 1,2g | Natrium 3mg | Kohlenhydrate 37,6g | Ballaststoffe 5,8g | Zucker 29g | Eiweiß 1,1g

Japanisches Sandwich mit Erdbeeren, Kiwi und Orangen

Vorbereitungszeit: 15 Minuten.

Kochzeit: 5 Minuten.

Dient: 2

Zutaten:

- 12 Erdbeeren, in Scheiben geschnitten
- 2 Kiwis, in Scheiben geschnitten
- 1 Nabelorange, in Scheiben geschnitten
- 4 Scheiben Shokupan (japanisches Pullman-Laibbrot), in 4 Zoll große Stücke geschnitten

Schlagsahne

- 1 Becher schwere Schlagsahne
- 5 Teelöffel Zucker
- 1 Teelöffel Rum

Vorbereitung:

1. Sahne mit Rum und Zucker in einer Schüssel schlagen.
2. Heizen Sie Ihren Hamilton Beach Breakfast Sandwich Maker vor, bis die PREHEAT-Anzeige grün leuchtet.
3. Heben Sie die obere Abdeckung, den Ring und die Kochplatte ab.
4. Legen Sie eine Brotscheibe in das untere Fach des Sandwichmakers.
5. ½ der Sahne, Orange, Kiwi und Erdbeere hinzugeben.
6. Die andere Brotscheibe darauf legen.
7. Nun die Kochplatte und die oberen Ringe absenken und das Ei hineingießen.
8. Decken Sie die obere Haube ab und lassen Sie das Sandwich 5 Minuten lang garen.
9. Drehen Sie den Griff der Kochplatte im Uhrzeigersinn bis zum Anschlag.
10. Die Haube abnehmen, die Ringe entfernen und das Sandwich auf einen Teller legen.
11. Wiederholen Sie die gleichen Schritte mit den restlichen Zutaten.
12. Servieren.

Anregung zum Servieren: Servieren Sie das Sandwich mit einem Apfel-Smoothie als Beilage.

Variationstipp: Sie können die Füllung auch mit Schokoladensplittern beträufeln.

Nährwertangaben pro Portion:

Kalorien 284 | Fett 16g | Natrium 252mg | Kohlenhydrate 31,6g | Ballaststoffe 0,9g | Zucker 6,6g | Protein 3,7g

Apfel-Nutella-Sandwich mit Marmelade

Vorbereitungszeit: 15 Minuten.

Kochzeit: 5 Minuten.

Dient: 2

Zutaten:

- 4 Scheiben Schwarzbrot, in 4 Zoll große Stücke geschnitten
- 2 Esslöffel Nutella-Aufstrich
- 1 Apfel, in Scheiben geschnitten
- 2 Esslöffel Marmelade

Vorbereitung:

1. Heizen Sie Ihren Hamilton Beach Breakfast Sandwich Maker vor, bis die PREHEAT-Anzeige grün leuchtet.
2. Heben Sie die obere Abdeckung, den Ring und die Kochplatte ab.
3. Legen Sie eine Brotscheibe in das untere Fach des Sandwichmakers.
4. ½ der Marmelade, Nutella und Apfel darauf verteilen.
5. Senken Sie nun die Kochplatte und die oberen Ringe ab.
6. Die andere Brotscheibe darauf legen.
7. Decken Sie die obere Haube ab und lassen Sie das Sandwich 5 Minuten lang garen.
8. Drehen Sie den Griff der Kochplatte im Uhrzeigersinn bis zum Anschlag.
9. Die Haube abnehmen, die Ringe entfernen und das Sandwich auf einen Teller legen.
10. Wiederholen Sie die gleichen Schritte mit den restlichen Zutaten.
11. Servieren.

Serviervorschlag: Servieren Sie das Sandwich mit einem Glas grünem Smoothie als Beilage.

Variations-Tipp: Sie können die Füllung auch mit einem Spritzer Schokoladensirup beträufeln.

Nährwertangaben pro Portion:

Kalorien 282 | Fett 15g | Natrium 526mg | Kohlenhydrate 20g | Ballaststoffe 0,6g | Zucker 3,3g | Protein 16g

Erdnussbutter-Bananenbrot-Sandwich

Vorbereitungszeit: 15 Minuten.

Kochzeit: 5 Minuten.

Dient: 4

Zutaten:

- 8 Bananenbrotscheiben, in 4 Zoll runde Scheiben geschnitten
- 4 Esslöffel Frischkäse
- 4 Esslöffel Schokoladen-Haselnuss-Aufstrich
- 4 Esslöffel Erdnussbutter
- 2 Bananen, in Scheiben geschnitten

Vorbereitung:

1. Heizen Sie Ihren Hamilton Beach Breakfast Sandwich Maker vor, bis die PREHEAT-Anzeige grün leuchtet.
2. Heben Sie die obere Abdeckung, den Ring und die Kochplatte ab.
3. Legen Sie eine Brotscheibe in das untere Fach des Sandwichmakers.
4. 1/4 des Frischkäses, den Schokoladenaufstrich, die Erdnussbutter und die Bananen darauf verteilen.
5. Senken Sie nun die Kochplatte und die oberen Ringe ab.
6. Die andere Brotscheibe darauf legen.
7. Decken Sie die obere Haube ab und lassen Sie das Sandwich 5 Minuten lang garen.
8. Drehen Sie den Griff der Kochplatte im Uhrzeigersinn bis zum Anschlag.
9. Die Haube abnehmen, die Ringe entfernen und das Sandwich auf einen Teller legen.
10. Wiederholen Sie die gleichen Schritte mit den restlichen Zutaten.
11. Servieren.

Anregung zum Servieren: Servieren Sie das Sandwich mit einem Apfel-Smoothie als Beilage.

Variationstipp: Sie können die Füllung auch mit Schokoladensplittern beträufeln.

Nährwertangaben pro Portion:

Kalorien 282 | Fett 15g | Natrium 526mg | Kohlenhydrate 20g | Ballaststoffe 0,6g | Zucker 3,3g | Protein 16g

Ricotta-Käseplätzchen mit Nektarinen

Vorbereitungszeit: 15 Minuten.
Kochzeit: 5 Minuten.
Dient: 1
Zutaten:

- 1 Buttermilchkeks, in Scheiben geschnitten
- 1 reife Nektarine, geschält und in Scheiben geschnitten
- 1 Esslöffel Ricotta-Käse
- 1 Esslöffel Ahornsirup
- 2 Teelöffel brauner Zucker

Vorbereitung:

1. Heizen Sie Ihren Hamilton Beach Breakfast Sandwich Maker vor.
2. Heben Sie die obere Abdeckung, den Ring und die Kochplatte ab.
3. Legen Sie die untere Hälfte des Kekses in den Sandwichmaker.
4. Die Nektarinen in eine Schüssel geben, den Ricotta, den Ahornsirup und den braunen Zucker hinzufügen und gut durchschwenken.
5. Die Nektarinenscheiben, den Ricotta, den Ahornsirup und die braune Zuckermischung auf dem Biskuit verteilen.
6. Die andere obere Hälfte des Kekses auf die Nektarinen legen.
7. Senken Sie nun die Kochplatte und die oberen Ringe ab.
8. Decken Sie die obere Haube ab und lassen Sie das Sandwich 5 Minuten lang garen.
9. Nach Beendigung des Garvorgangs drehen Sie den Griff der Kochplatte im Uhrzeigersinn bis zum Anschlag.
10. Die Haube abnehmen, die Ringe entfernen und das Sandwich auf einen Teller legen.
11. Servieren.

Anregung zum Servieren: Servieren Sie das Sandwich mit Ihrer Lieblingssauce als Beilage.
Variations-Tipp: Geben Sie zusätzlich etwas gemahlenen schwarzen Pfeffer in die Füllung.
Nährwertangaben pro Portion:
Kalorien 391 | Fett 24g | Natrium 142mg | Kohlenhydrate 38,5g | Ballaststoffe 3,5g | Zucker 21g | Eiweiß 6,6g

Himbeer-Nutella-Käse-Sandwich

Vorbereitungszeit: 15 Minuten.

Kochzeit: 5 Minuten.

Dient: 2

Zutaten:

- 4 Scheiben Schwarzbrot, in 4 Zoll große Stücke geschnitten
- 2 Esslöffel Nutella-Aufstrich
- ½ frische Himbeeren, in Scheiben geschnitten
- 2 Esslöffel Himbeerkonfitüre
- 2 Esslöffel Frischkäse

Vorbereitung:

1. Heizen Sie Ihren Hamilton Beach Breakfast Sandwich Maker vor, bis die PREHEAT-Anzeige grün leuchtet.
2. Heben Sie die obere Abdeckung, den Ring und die Kochplatte ab.
3. Legen Sie eine Brotscheibe in das untere Fach des Sandwichmakers.
4. ½ der Konfitüre, Nutella, Himbeeren und Frischkäse darauf verteilen.
5. Die andere Brotscheibe darauf legen.
6. Senken Sie nun die Kochplatte und die oberen Ringe ab.
7. Decken Sie die obere Haube ab und lassen Sie das Sandwich 5 Minuten lang garen.
8. Drehen Sie den Griff der Kochplatte im Uhrzeigersinn bis zum Anschlag.
9. Die Haube abnehmen, die Ringe entfernen und das Sandwich auf einen Teller legen.
10. Wiederholen Sie die gleichen Schritte mit den restlichen Zutaten.
11. Servieren.

Anregung zum Servieren: Servieren Sie das Sandwich mit einem Bananen-Smoothie als Beilage.

Variationstipp: Sie können die Füllung auch mit Schokoladensplittern beträufeln.

Nährwertangaben pro Portion:

Kalorien 282 | Fett 15g | Natrium 526mg | Kohlenhydrate 20g | Ballaststoffe 0,6g | Zucker 3,3g | Protein 16g

Panini mit Schinken, Apfel und Käse

Vorbereitungszeit: 15 Minuten.

Kochzeit: 5 Minuten.

Dient: 4

Zutaten:

- 8 Scheiben Mehrkornbrot, in 4-Zoll-Kreise geschnitten
- 2 Esslöffel Mayonnaise
- 2 Esslöffel Dijon-Senf
- 4 Esslöffel Butter, erweicht
- 8 Unzen in dicke Scheiben geschnittener Schinken
- 1 kleiner Apfel entkernt und in dünne Scheiben geschnitten
- 8 Unzen Schweizer Käse gerieben

Vorbereitung:

1. Heizen Sie Ihren Hamilton Beach Breakfast Sandwich Maker vor.
2. Heben Sie die obere Abdeckung, den Ring und die Kochplatte ab.
3. Eine Brotscheibe in den Sandwichmaker legen und mit ¼ der Mayo, dem Senf und der Butter belegen.
4. Nun die Kochplatte und die oberen Ringe absenken, dann ¼ des Apfels, des Schinkens und des Käses hinzufügen.
5. Den anderen Kreis des Brotes darauf legen.
6. Decken Sie die obere Haube ab und lassen Sie das Sandwich 5 Minuten lang garen.
7. Drehen Sie den Griff der Kochplatte nach dem Kochen im Uhrzeigersinn bis zum Anschlag.
8. Die Haube abnehmen, die Ringe entfernen und das Sandwich auf einen Teller legen.
9. Wiederholen Sie diese Schritte mit den restlichen Zutaten.
10. Servieren.

Anregung zum Servieren: Servieren Sie das Sandwich mit knusprigem Speck und Ihrer Lieblingssoße auf der Seite.

Variations-Tipp: Geben Sie zusätzlich etwas gemahlenen schwarzen Pfeffer in die Füllung.

Nährwertangaben pro Portion:

Kalorien 229 | Fett 1,9 | Natrium 567mg | Kohlenhydrate 1,9g | Ballaststoffe 0,4g | Zucker 0,6g | Protein 11,8g

Nutella-Bananen-Panini

Vorbereitungszeit: 15 Minuten.

Kochzeit: 5 Minuten.

Dient: 2

Zutaten:

- 4 Scheiben Baguette, in 4-Zoll-Kreise geschnitten
- 6 Esslöffel Nutella-Aufstrich
- 6 Esslöffel Marshmallow-Creme
- 1 große Banane in Scheiben geschnitten
- 2-3 Esslöffel Butter

Vorbereitung:

1. Heizen Sie Ihren Hamilton Beach Breakfast Sandwich Maker vor.
2. Heben Sie die obere Abdeckung, den Ring und die Kochplatte ab.
3. Legen Sie eine Brotscheibe in den Sandwichmaker und belegen Sie sie mit ½ der Butter, dem Aufstrich und der Sahne.
4. Nun die Kochplatte und die oberen Ringe absenken und ½ der Banane hinzufügen.
5. Den anderen Kreis des Brotes darauf legen.
6. Decken Sie die obere Haube ab und lassen Sie das Sandwich 5 Minuten lang garen.
7. Nach Beendigung des Garvorgangs drehen Sie den Griff der Kochplatte im Uhrzeigersinn bis zum Anschlag.
8. Die Haube abnehmen, die Ringe entfernen und das Sandwich auf einen Teller legen.
9. Wiederholen Sie diese Schritte mit den restlichen Zutaten.
10. Servieren.

Anregung zum Servieren: Servieren Sie das Sandwich mit knusprigem Speck und Ihrer Lieblingssoße auf der Seite.

Variations-Tipp: Fügen Sie der Füllung zusätzlich einige getrocknete Kräuter hinzu.

Nährwertangaben pro Portion:

Kalorien 190 | Fett 18g | Natrium 150mg | Kohlenhydrate 0,6g | Ballaststoffe 0,4g | Zucker 0,4g | Eiweiß 7,2g

Panini mit Spinat, Tomate und Avocado

Vorbereitungszeit: 15 Minuten.

Kochzeit: 5 Minuten.

Dient: 1

Zutaten:

- 2 Scheiben Sauerteigbrot, in 4-Zoll-Kreise geschnitten
- 1 Esslöffel leichte Mayo
- 1 Esslöffel Butter
- 1 Scheibe Colby-Jack-Käse
- 6 Blätter Spinat
- 2 Scheiben Tomaten
- ½ Avocado in Scheiben geschnitten

Vorbereitung:

1. Heizen Sie Ihren Hamilton Beach Breakfast Sandwich Maker vor.
2. Heben Sie die obere Abdeckung, den Ring und die Kochplatte ab.
3. Legen Sie eine Brotscheibe in den Sandwichmaker und belegen Sie sie mit Mayo, Butter, Spinat
4. Nun die Kochplatte absenken und die Ringe auflegen, dann Avocado, Tomate und Käse hinzufügen.
5. Den anderen Kreis des Brotes darauf legen.
6. Decken Sie die obere Haube ab und lassen Sie das Sandwich 5 Minuten lang garen.
7. Nach Beendigung des Garvorgangs drehen Sie den Griff der Kochplatte im Uhrzeigersinn bis zum Anschlag.
8. Die Haube abnehmen, die Ringe entfernen und das Sandwich auf einen Teller legen.
9. Servieren.

Anregung zum Servieren: Servieren Sie das Sandwich mit Ihrer Lieblingssauce als Beilage.

Variations-Tipp: Fügen Sie der Füllung zusätzlich einige getrocknete Kräuter hinzu.

Nährwertangaben pro Portion:

Kalorien 237 | Fett 19g | Natrium 518mg | Kohlenhydrate 7g | Ballaststoffe 1,5g | Zucker 3,4g | Protein 12g

Brie-Erdbeer-Käse-Muffin-Sandwich

Vorbereitungszeit: 15 Minuten.

Kochzeit: 5 Minuten.

Dient: 1

Zutaten:

- 1 Unze Brie, ohne Rinde und in Scheiben geschnitten
- 1 englischer Muffin, halbiert
- 1 Unze geräucherter Truthahn in Scheiben
- 1 frisches Basilikumblatt, in Scheiben geschnitten
- 2 Esslöffel geschnittene Erdbeeren
- ½ Esslöffel Paprikagelee
- ½ Esslöffel Butter, geschmolzen

Vorbereitung:

1. Heizen Sie Ihren Hamilton Beach Breakfast Sandwich Maker vor.
2. Heben Sie die obere Abdeckung, den Ring und die Kochplatte ab.
3. Legen Sie die untere Hälfte des Muffins in den Sandwichmaker und belegen Sie sie mit Butter und Brie.
4. Nun die Kochplatte und die oberen Ringe absenken, dann den Truthahn und die restlichen Füllungen hinzufügen.
5. Eine weitere Muffinhälfte auflegen.
6. Decken Sie die obere Haube ab und lassen Sie das Sandwich 5 Minuten lang garen.
7. Drehen Sie den Griff der Kochplatte nach dem Kochen im Uhrzeigersinn bis zum Anschlag.
8. Die Haube abnehmen, die Ringe entfernen und das Sandwich auf einen Teller legen.
9. Servieren.

Anregung zum Servieren: Servieren Sie das Sandwich mit knusprigem Speck und Ihrer Lieblingssoße auf der Seite.

Variations-Tipp: Geben Sie zusätzlich etwas gemahlenen schwarzen Pfeffer in die Füllung.

Nährwertangaben pro Portion:

Kalorien 102 | Fett 7.6g | Natrium 545mg | Kohlenhydrate 1.5g | Ballaststoffe 0.4g | Zucker 0.7g | Protein 7.1g

Brie-Erdbeer-Käse-Muffin-Sandwich

Vorbereitungszeit: 15 Minuten.

Kochzeit: 5 Minuten.

Dient: 1

Zutaten:

- 1 Unze Brie, ohne Rinde und in Scheiben geschnitten
- 1 englischer Muffin, halbiert
- 1 Unze in Scheiben geschnittener geräucherter Truthahn
- 1 frisches Basilikumblatt, in Scheiben geschnitten
- 2 Esslöffel geschnittene Erdbeeren
- ½ Esslöffel Paprikagelee
- ½ Esslöffel Butter, geschmolzen

Vorbereitung:

10. Heizen Sie Ihren Hamilton Beach Breakfast Sandwich Maker vor.
11. Heben Sie die obere Abdeckung, den Ring und die Kochplatte ab.
12. Legen Sie die untere Hälfte des Muffins in den Sandwichmaker und belegen Sie sie mit Butter und Brie.
13. Nun die Kochplatte und die oberen Ringe absenken, dann den Truthahn und die restlichen Füllungen hinzufügen.
14. Eine weitere Muffinhälfte auflegen.
15. Decken Sie die obere Haube ab und lassen Sie das Sandwich 5 Minuten lang garen.
16. Nach Beendigung des Garvorgangs drehen Sie den Griff der Kochplatte im Uhrzeigersinn bis zum Anschlag.
17. Die Haube abnehmen, die Ringe entfernen und das Sandwich auf einen Teller legen.
18. Servieren.

Anregung zum Servieren: Servieren Sie das Sandwich mit knusprigem Speck und Ihrer Lieblingssoße auf der Seite.

Variations-Tipp: Geben Sie zusätzlich etwas gemahlenen schwarzen Pfeffer in die Füllung.

Nährwertangaben pro Portion:

Kalorien 102 | Fett 7.6g | Natrium 545mg | Kohlenhydrate 1.5g | Ballaststoffe 0.4g | Zucker 0.7g | Protein 7.1g

Kanafeh-Käse-Sandwich mit Pistazien

Vorbereitungszeit: 15 Minuten.
Kochzeit: 12 Minuten.
Zutaten: 2

Zutaten:

Sandwiches

- ¾ Tasse Kanafeh
- 4 Teelöffel geschmolzenes Ghee
- 1 Tropfen orangefarbene Lebensmittelfarbe
- 4 Scheiben Brot, in 4 Zoll runde Scheiben geschnitten
- 4 zusätzliche Teelöffel Ghee
- 4 Unzen Mozzarella-Käse, in Scheiben geschnitten
- Gehackte Pistazien, zum Garnieren

Einfacher Sirup aus Rosen und Orangenblüten

- ½ Tasse Kristallzucker
- ¼ Tasse Wasser
- 1 Spritzer Zitronensaft
- ⅛ Teelöffel Rosenwasser
- ⅛ Teelöffel Orangenblütenwasser

Vorbereitung:

1. Alle Zutaten für den Zuckersirup in einem Topf mischen und 5-7 Minuten bei niedriger Hitze unter gelegentlichem Rühren kochen.
2. Geschmolzenes Ghee mit orangefarbener Lebensmittelfarbe in einer Schüssel mischen.
3. Heizen Sie Ihren Hamilton Beach Breakfast Sandwich Maker vor, bis die PREHEAT-Anzeige grün leuchtet.
4. Heben Sie die obere Abdeckung, den Ring und die Kochplatte ab.
5. Legen Sie eine Brotscheibe in das untere Fach des Sandwichmakers.
6. ½ des Kanafeh, Käse, Pistazien und Zuckersirup darauf verteilen.
7. Senken Sie nun die Kochplatte und die oberen Ringe ab.
8. Eine weitere Brotscheibe darauflegen und mit der Ghee-Mischung bestreichen.
9. Decken Sie die obere Haube ab und lassen Sie das Sandwich 5 Minuten lang garen.
10. Drehen Sie den Griff der Kochplatte im Uhrzeigersinn bis zum Anschlag.
11. Die Haube abnehmen, die Ringe entfernen und das Sandwich auf einen Teller legen.
12. Wiederholen Sie die gleichen Schritte mit den restlichen Zutaten.
13. Servieren.

Anregung zum Servieren: Servieren Sie das Sandwich mit einem Apfel-Smoothie als Beilage.

Variationstipp: Sie können der Füllung auch noch etwas Sahne hinzufügen.

Nährwertangaben pro Portion:
Kalorien 185 | Fett 8g | Natrium 146mg | Kohlenhydrate 5g | Ballaststoffe 0,1g | Zucker 0,4g | Eiweiß 1g

Butterige Schokoladen-Himbeer-Sandwiches

Vorbereitungszeit: 15 Minuten.

Kochzeit: 5 Minuten.

Dient: 4

Zutaten:

- ¼ Tasse kernlose Himbeerkonfitüre
- 8 (¼-Zoll) Scheiben Portugiesisch, in 4-Zoll-Runden geschnitten
- 12 Packungen (53 Unzen) dunkle Schokoladenquadrate
- 8 Teelöffel Butter
- Grobes Meersalz

Vorbereitung:

1. Heizen Sie Ihren Hamilton Beach Breakfast Sandwich Maker vor, bis die PREHEAT-Anzeige grün leuchtet.
2. Heben Sie die obere Abdeckung, den Ring und die Kochplatte ab.
3. Legen Sie eine Brotscheibe in das untere Fach des Sandwichmakers.
4. Verteilen Sie ¼ der Himbeerkonfitüre, Schokoladenquadrate und Butter darauf.
5. Senken Sie nun die Kochplatte und die oberen Ringe ab.
6. Eine weitere Brotscheibe darauf legen.
7. Decken Sie die obere Haube ab und lassen Sie das Sandwich 5 Minuten lang garen.
8. Drehen Sie den Griff der Kochplatte im Uhrzeigersinn bis zum Anschlag.
9. Die Haube abnehmen, die Ringe entfernen und das Sandwich auf einen Teller legen.
10. Wiederholen Sie die gleichen Schritte mit den restlichen Zutaten.
11. Servieren.

Anregung zum Servieren: Servieren Sie das Sandwich mit einem Bananen-Smoothie als Beilage.

Variationstipp: Sie können auch Streusel in die Füllung geben.

Nährwertangaben pro Portion:

Kalorien 293 | Fett 3g | Natrium 510mg | Kohlenhydrate 12g | Ballaststoffe 3g | Zucker 4g | Protein 4g

Zimt-Erdbeer-Englisch-Muffin-Kuchen

Vorbereitungszeit: 15 Minuten.

Kochzeit: 12 Minuten.

Dient: 6

Zutaten:

- 6 englische Muffins, halbiert
- ½ Tasse Zucker
- 3 Esslöffel Speisestärke
- ½ Teelöffel gemahlener Zimt
- 1 Teelöffel Zitronenschale
- 1 Esslöffel frischer Zitronensaft
- 2 ½ Tassen frische Erdbeeren
- Eine Prise Salz
- 1 Eigelb
- 2 Esslöffel Wasser
- Zucker, zum Bestreuen

Vorbereitung:

1. Erdbeeren mit Salz, Zitronensaft, Schale, Zimt, Zucker und Speisestärke in einem Topf mischen.
2. Umrühren und die Beeren bei schwacher Hitze 5-7 Minuten kochen.
3. Diese Beerenfüllung bei Zimmertemperatur abkühlen lassen.
4. Heizen Sie Ihren Hamilton Beach Breakfast Sandwich Maker vor, bis die PREHEAT-Anzeige grün leuchtet.
5. Heben Sie die obere Abdeckung, den Ring und die Kochplatte ab.
6. Legen Sie die Hälfte eines Muffins in das untere Fach des Sandwichmakers.
7. Einen Esslöffel Beerenfüllung in die Mitte geben.
8. Die andere obere Hälfte des Muffins auflegen.
9. Senken Sie nun die Kochplatte und die oberen Ringe ab.
10. Decken Sie die obere Haube ab und lassen Sie das Sandwich 5 Minuten lang garen.
11. Drehen Sie den Griff der Kochplatte im Uhrzeigersinn bis zum Anschlag.
12. Die Haube abnehmen, die Ringe entfernen und das Sandwich auf einen Teller legen.
13. Weitere Beerenkuchen auf die gleiche Weise herstellen.
14. Servieren.

Anregung zum Servieren: Servieren Sie den Kuchen mit einem Apfel-Smoothie als Beilage.

Variationstipp: Sie können auch etwas Mascarpone in die Füllung geben.

Nährwertangaben pro Portion:

Kalorien 351 | Fett 19g | Natrium 412mg | Kohlenhydrate 13g | Ballaststoffe 0,3g | Zucker 1g | Eiweiß 23g

Zimt-Erdbeer-Englisch-Muffin-Kuchen

Vorbereitungszeit: 15 Minuten.

Kochzeit: 12 Minuten.

Dient: 6

Zutaten:

- 6 englische Muffins, halbiert
- ½ Tasse Zucker
- 3 Esslöffel Speisestärke
- ½ Teelöffel gemahlener Zimt
- 1 Teelöffel Zitronenschale
- 1 Esslöffel frischer Zitronensaft
- 2 ½ Tassen frische Erdbeeren
- Eine Prise Salz
- 1 Eigelb
- 2 Esslöffel Wasser
- Zucker, zum Bestreuen

Vorbereitung:

15. Erdbeeren mit Salz, Zitronensaft, Schale, Zimt, Zucker und Speisestärke in einem Topf mischen.
16. Umrühren und die Beeren bei schwacher Hitze 5-7 Minuten kochen.
17. Diese Beerenfüllung bei Zimmertemperatur abkühlen lassen.
18. Heizen Sie Ihren Hamilton Beach Breakfast Sandwich Maker vor, bis die PREHEAT-Anzeige grün leuchtet.
19. Heben Sie die obere Abdeckung, den Ring und die Kochplatte ab.
20. Legen Sie die Hälfte eines Muffins in das untere Fach des Sandwichmakers.
21. Einen Esslöffel Beerenfüllung in die Mitte geben.
22. Die andere obere Hälfte des Muffins auflegen.
23. Senken Sie nun die Kochplatte und die oberen Ringe ab.
24. Decken Sie die obere Haube ab und lassen Sie das Sandwich 5 Minuten lang garen.
25. Drehen Sie den Griff der Kochplatte im Uhrzeigersinn bis zum Anschlag.
26. Die Haube abnehmen, die Ringe entfernen und das Sandwich auf einen Teller legen.
27. Weitere Beerenkuchen auf die gleiche Weise herstellen.
28. Servieren.

Anregung zum Servieren: Servieren Sie den Kuchen mit einem Apfel-Smoothie als Beilage.

Variationstipp: Sie können auch etwas Mascarpone in die Füllung geben.

Nährwertangaben pro Portion:

Kalorien 351 | Fett 19g | Natrium 412mg | Kohlenhydrate 13g | Ballaststoffe 0,3g | Zucker 1g | Eiweiß 23g

Englische Muffin-Pasteten mit Zitronen-Himbeeren

Vorbereitungszeit: 15 Minuten.
Kochzeit: 12 Minuten.
Dient: 6

Zutaten:

- ½ Tasse Zucker
- 3 Esslöffel Speisestärke
- ½ Teelöffel gemahlener Zimt
- 1 Teelöffel Zitronenschale
- 6 englischer Muffin
- 1 Esslöffel frischer Zitronensaft
- 2 ½ Tassen frische Himbeeren
- Eine Prise Salz
- 1 Eigelb
- 2 Esslöffel Wasser
- Zucker, zum Bestreuen

Vorbereitung:

1. Himbeeren mit Salz, Zitronensaft, Schale, Zimt, Zucker und Speisestärke in einem Topf mischen.
2. Umrühren und die Beeren bei schwacher Hitze 5-7 Minuten kochen.
3. Diese Beerenfüllung bei Zimmertemperatur abkühlen lassen.
4. Heizen Sie Ihren Hamilton Beach Breakfast Sandwich Maker vor, bis die PREHEAT-Anzeige grün leuchtet.
5. Heben Sie die obere Abdeckung, den Ring und die Kochplatte ab.
6. Legen Sie die Hälfte eines Muffins in das untere Fach des Sandwichmakers.
7. Einen Esslöffel Beerenfüllung in die Mitte geben.
8. Die andere obere Hälfte des Muffins auflegen.
9. Senken Sie nun die Kochplatte und die oberen Ringe ab.
10. Decken Sie die obere Haube ab und lassen Sie das Sandwich 5 Minuten lang garen.
11. Drehen Sie den Griff der Kochplatte im Uhrzeigersinn bis zum Anschlag.
12. Die Haube abnehmen, die Ringe entfernen und das Sandwich auf einen Teller legen.
13. Weitere Beerenkuchen auf die gleiche Weise herstellen.
14. Servieren.

Anregung zum Servieren: Servieren Sie den Kuchen mit einem Bananen-Smoothie als Beilage.

Variationstipp: Sie können der Füllung auch noch etwas Sahne hinzufügen.

Nährwertangaben pro Portion:
Kalorien 351 | Fett 19g | Natrium 412mg | Kohlenhydrate 13g | Ballaststoffe 0,3g | Zucker 1g | Eiweiß 23g

Zimt-Blaubeer-Muffin-Handkuchen

Vorbereitungszeit: 15 Minuten.

Kochzeit: 12 Minuten.

Dient: 6

Zutaten:

- 6 englische Muffins, halbiert
- ½ Tasse Zucker
- 3 Esslöffel Speisestärke
- ½ Teelöffel gemahlener Zimt
- 1 Teelöffel Zitronenschale
- 1 Esslöffel frischer Zitronensaft
- 2 ½ Tassen frische Heidelbeeren
- Eine Prise Salz
- 1 Eigelb
- 2 Esslöffel Wasser
- Zucker, zum Bestreuen

Vorbereitung:

1. Heidelbeeren mit Salz, Zitronensaft, Schale, Zimt, Zucker und Speisestärke in einem Topf mischen.
2. Umrühren und die Beeren bei schwacher Hitze 5-7 Minuten kochen.
3. Diese Beerenfüllung bei Zimmertemperatur abkühlen lassen.
4. Heizen Sie Ihren Hamilton Beach Breakfast Sandwich Maker vor, bis die PREHEAT-Anzeige grün leuchtet.
5. Heben Sie die obere Abdeckung, den Ring und die Kochplatte ab.
6. Legen Sie die Hälfte eines Muffins in das untere Fach des Sandwichmakers.
7. In die Mitte ⅙ Eigelb und einen Esslöffel Beerenfüllung geben.
8. Die andere obere Hälfte des Muffins auflegen.
9. Senken Sie nun die Kochplatte und die oberen Ringe ab.
10. Decken Sie die obere Haube ab und lassen Sie das Sandwich 5 Minuten lang garen.
11. Drehen Sie den Griff der Kochplatte im Uhrzeigersinn bis zum Anschlag.
12. Die Haube abnehmen, die Ringe entfernen und das Sandwich auf einen Teller legen.
13. Weitere Beerenkuchen auf die gleiche Weise herstellen.
14. Servieren.

Anregung zum Servieren: Servieren Sie die Torten mit Schokoladensauce.

Variationstipp: Sie können auch Schokoladenstückchen in die Füllung geben.

Nährwertangaben pro Portion:

Kalorien 351 | Fett 19g | Natrium 412mg | Kohlenhydrate 13g | Ballaststoffe 0,3g | Zucker 1g | Eiweiß 23g

Kapitel 9: Keto-Sandwich-Rezepte

Keto Rindfleisch und Cheddar Sandwich

Vorbereitungszeit: 15 Minuten.

Kochzeit: 9 Minuten.

Dient: 1

Zutaten:

- 2 große Eier
- ¼ Teelöffel frisches Basilikum, gehackt
- ¼ Teelöffel frische italienische Petersilie, gehackt
- Salz, nach Geschmack
- schwarzer Pfeffer, nach Geschmack
- 1 Rindersteak, gekocht und in Scheiben geschnitten
- 1 Esslöffel Pesto
- 1 Scheibe Tomate
- 1 Cheddarkäse-Scheibe

Vorbereitung:

1. Ei mit Basilikum, schwarzem Pfeffer, Salz und Petersilie in einer kleinen Schüssel verquirlen.
2. Stellen Sie eine Pfanne mit zwei 4-Zoll-Metallringen hinein.
3. Die Hälfte der vorbereiteten Eimischung in die Ringe geben und 1-2 Minuten pro Seite braten.
4. Heizen Sie Ihren Hamilton Beach Breakfast Sandwich Maker vor.
5. Heben Sie die obere Abdeckung, den Ring und die Kochplatte ab.
6. Die eine Hälfte des Eies in den Sandwichmaker geben.
7. Nun die Kochplatte absenken und die Ringe auflegen, dann das Rindfleisch, das Pesto, den Käse und die Tomatenscheibe hinzufügen.
8. Legen Sie die andere obere Hälfte des Eierkreises darauf.
9. Decken Sie die obere Haube ab und lassen Sie das Sandwich 5 Minuten lang garen.
10. Nach Beendigung des Garvorgangs drehen Sie den Griff der Kochplatte im Uhrzeigersinn bis zum Anschlag.
11. Die Haube abnehmen, die Ringe entfernen und das Sandwich auf einen Teller legen.
12. Servieren.

Anregung zum Servieren: Servieren Sie das Sandwich mit knusprigem Speck und Ihrer Lieblingssoße auf der Seite.

Variations-Tipp: Geben Sie zusätzlich etwas gemahlenen schwarzen Pfeffer in die Füllung.

Nährwertangaben pro Portion:
Kalorien 153 | Fett 1g | Natrium 8mg | Kohlenhydrate 6,6g | Ballaststoffe 0,8g | Zucker 56g
| Eiweiß 1g

Keto-Speck-Ei-Sandwich mit Kräutern

Vorbereitungszeit: 15 Minuten.

Kochzeit: 5 Minuten.

Dient: 6

Zutaten:

- 1 Kopf gewürfelter Blumenkohl, gekocht
- 1 verquirltes Ei
- 1 ½ Tassen Cheddar-Käse, gerieben
- 12 Mozzarella-Käse, in Scheiben
- ⅛ Teelöffel getrockneter Salbei
- ⅛ Teelöffel getrockneter Oregano
- 1 Ei
- 1 Scheibe Speck, gekocht
- ein Teelöffel getrockneter Thymian
- gemahlener schwarzer Pfeffer
- Butter zum Einfetten
- frische Petersilie zum Garnieren

Vorbereitung:

1. Heizen Sie den Ofen auf 350 Grad F vor.
2. Blumenkohl mit Ei, getrockneten Kräutern, Gewürzen und geriebenem Käse in einem Mixer pürieren, bis er glatt ist.
3. Ein geeignetes Backblech mit Pergamentpapier auslegen und die Blumenkohlmischung in 3-4 cm große, gleichmäßige Runden auf dem Backblech verteilen.
4. Die Blumenkohlkreise 5 Minuten pro Seite backen.
5. Heizen Sie Ihren Hamilton Beach Breakfast Sandwich Maker vor.
6. Heben Sie die obere Abdeckung, den Ring und die Kochplatte ab.
7. Einen Kreis des Blumenkohlbrots in den Sandwichmaker legen.
8. Nun die Kochplatte und die oberen Ringe absenken und die Eimasse einfüllen.
9. Den Speck, die Käsescheibe und den anderen Kreis des Brotes darauf legen und mit Butter bestreichen.
10. Decken Sie die obere Haube ab und lassen Sie das Sandwich 5 Minuten lang garen.
11. Nach Beendigung des Garvorgangs drehen Sie den Griff der Kochplatte im Uhrzeigersinn bis zum Anschlag.
12. Die Haube abnehmen, die Ringe entfernen und das Sandwich auf einen Teller legen.
13. Wiederholen Sie diese Schritte mit den restlichen Zutaten.
14. Mit Petersilie garnieren.
15. Servieren.

Anregung zum Servieren: Servieren Sie das Sandwich mit knusprigem Speck und Ihrer Lieblingssoße auf der Seite.

Variations-Tipp: Sie können auch eine Schicht Ihrer Lieblingssauce auf die Füllung geben.

Nährwertangaben pro Portion:
Kalorien 217 | Fett 12g | Natrium 79mg | Kohlenhydrate 8g | Ballaststoffe 1,1g | Zucker 18g | Eiweiß 5g

Sandwich mit Cheddar und Blumenkohl

Vorbereitungszeit: 15 Minuten.

Kochzeit: 5 Minuten.

Dient: 6

Zutaten:

- 1 Kopf gewürfelter Blumenkohl, gekocht
- 1 Ei, verquirlt
- 1 ½ Tassen Cheddar-Käse, gerieben
- 12 Mozzarella-Käse, in Scheiben
- ⅛ Teelöffel getrockneter Salbei
- ⅛ Teelöffel getrockneter Oregano
- ein gestrichener Teelöffel gemahlene Senfkörner
- ein Teelöffel getrockneter Thymian
- gemahlener schwarzer Pfeffer
- Butter zum Einfetten
- frische Petersilie zum Garnieren

Vorbereitung:

1. Heizen Sie den Ofen auf 350 Grad F vor.
2. Blumenkohl mit Ei, getrocknetem Thymian, Gewürzen und geriebenem Käse in einem Mixer pürieren, bis er glatt ist.
3. Ein geeignetes Backblech mit Pergamentpapier auslegen und die Blumenkohlmischung in 3-4 cm große, gleichmäßige Runden auf dem Backblech verteilen.
4. Die Blumenkohlkreise 5 Minuten pro Seite backen.
5. Heizen Sie Ihren Hamilton Beach Breakfast Sandwich Maker vor.
6. Heben Sie die obere Abdeckung, den Ring und die Kochplatte ab.
7. Einen Kreis des Blumenkohlbrots in den Sandwichmaker legen.
8. Mit 1 Scheibe Mozzarellakäse belegen.
9. Senken Sie nun die Kochplatte und die oberen Ringe ab.
10. Den anderen Kreis des Brotes darauf legen und mit Butter bestreichen.
11. Decken Sie die obere Haube ab und lassen Sie das Sandwich 5 Minuten lang garen.
12. Nach Beendigung des Garvorgangs drehen Sie den Griff der Kochplatte im Uhrzeigersinn bis zum Anschlag.
13. Die Haube abnehmen, die Ringe entfernen und das Sandwich auf einen Teller legen.
14. Mit Petersilie garnieren.
15. Wiederholen Sie diese Schritte mit den restlichen Zutaten.
16. Servieren.

Anregung zum Servieren: Servieren Sie das Sandwich mit Krautsalat und Ihrer Lieblingssauce dazu.

Variationstipp: Sie können auch ein Salatblatt in die Füllung geben.

Nährwertangaben pro Portion:
Kalorien 301 | Fett 5g | Natrium 340mg | Kohlenhydrate 4,7g | Ballaststoffe 1,2g | Zucker 1,3g | Protein 15,3g

Sandwich mit Blumenkohl und Schweinefleisch mit Kräutern

Vorbereitungszeit: 15 Minuten.

Kochzeit: 5 Minuten.

Dient: 6

Zutaten:

- 1 Kopf gewürfelter Blumenkohl, gekocht
- 1 verquirltes Ei
- 1 ½ Tassen Cheddar-Käse gerieben
- 12 Mozzarella-Käse, in Scheiben
- ⅛ Teelöffel getrockneter Salbei
- ⅛ Teelöffel getrockneter Oregano
- ein gestrichener Teelöffel gemahlene Senfkörner
- ein Teelöffel getrockneter Thymian
- gemahlener schwarzer Pfeffer
- 1 Tasse gegrilltes Schweinefleisch
- Butter zum Einfetten
- frische Petersilie zum Garnieren

Vorbereitung:

1. Heizen Sie den Ofen auf 350 Grad F vor.
2. Blumenkohl mit Ei, getrockneten Kräutern, Gewürzen und geriebenem Käse in einem Mixer pürieren, bis er glatt ist.
3. Ein geeignetes Backblech mit Pergamentpapier auslegen und die Blumenkohlmischung in 3-4 cm große, gleichmäßige Runden auf dem Backblech verteilen.
4. Die Blumenkohlkreise 5 Minuten pro Seite backen.
5. Heizen Sie Ihren Hamilton Beach Breakfast Sandwich Maker vor.
6. Heben Sie die obere Abdeckung, den Ring und die Kochplatte ab.
7. Legen Sie einen Kreis des Blumenkohlbrots in den Sandwichmaker und belegen Sie ihn mit Schweinefleisch.
8. Mit 1 Scheibe Mozzarellakäse belegen.
9. Senken Sie nun die Kochplatte und die oberen Ringe ab.
10. Den anderen Kreis des Brotes darauf legen und mit Butter bestreichen.
11. Decken Sie die obere Haube ab und lassen Sie das Sandwich 5 Minuten lang garen.
12. Nach Beendigung des Garvorgangs drehen Sie den Griff der Kochplatte im Uhrzeigersinn bis zum Anschlag.
13. Die Haube abnehmen, die Ringe entfernen und das Sandwich auf einen Teller legen.
14. Wiederholen Sie diese Schritte mit den restlichen Zutaten.
15. Mit Petersilie garnieren.
16. Servieren.

Anregung zum Servieren: Servieren Sie das Sandwich mit Krautsalat und Ihrer Lieblingssauce.

Variationstipp: Sie können auch ein Salatblatt in die Füllung geben.
Nährwertangaben pro Portion:
Kalorien 195 | Fett 3g | Natrium 355mg | Kohlenhydrate 7,7g | Ballaststoffe 1g | Zucker 25g
| Eiweiß 1g

Pilze und Krabbenschmelzsandwich

Vorbereitungszeit: 15 Minuten.

Kochzeit: 5 Minuten.

Dient: 4

Zutaten:

- 4 große Portobello-Pilzköpfe, halbiert
- Kokosnussöl aufsprühen
- Salz und Pfeffer nach Geschmack
- 8 Unzen klumpiges Krebsfleisch
- 3 Esslöffel Mayonnaise
- ½ Teelöffel Worcestershire-Sauce
- ½ Teelöffel altes Lorbeergewürz
- ¼ Teelöffel Meersalz
- Prise schwarzer Pfeffer
- Eine Prise Cayennepfeffer
- ½ Tasse fein zerkleinerter Cheddar-Käse
- 1 Esslöffel gehackte Petersilie
- 4 grüne Zwiebeln in Scheiben geschnitten

Vorbereitung:

13. Krabbenfleisch mit Mayonnaise, Worcestershire-Sauce, Old Bay Seasoning, schwarzem Pfeffer, Salz, Cayennepfeffer, Petersilie und Zwiebel vermischen.
14. Heizen Sie Ihren Hamilton Beach Breakfast Sandwich Maker vor, bis die PREHEAT-Anzeige grün leuchtet.
15. Heben Sie die obere Abdeckung, den Ring und die Kochplatte ab.
16. Einen Kreis des Pilzes in den Sandwichmaker legen.
17. Mit Käse und ¼ der Krabbenmischung belegen.
18. Senken Sie nun die Kochplatte und die oberen Ringe ab.
19. Den anderen Kreis des Pilzes darauf legen.
20. Decken Sie die obere Haube ab und lassen Sie das Sandwich 5 Minuten lang garen.
21. Drehen Sie den Griff der Kochplatte im Uhrzeigersinn bis zum Anschlag.
22. Die Haube abnehmen, die Ringe entfernen und das Sandwich auf einen Teller legen.
23. Wiederholen Sie den Vorgang mit den restlichen Zutaten.
24. Servieren.

Anregung zum Servieren: Servieren Sie das Sandwich mit knusprigem Speck und Ihrer Lieblings-Keto-Soße als Beilage.

Variations-Tipp: Fügen Sie eine Schicht eingelegter Zwiebeln hinzu, um den Geschmack zu verändern.

Nährwertangaben pro Portion:

Kalorien 395 | Fett 9,5g | Natrium 655mg | Kohlenhydrate 3,4g | Ballaststoffe 0,4g | Zucker 0,4g | Protein 28,3g

Panini mit Huhn und Avocado

Vorbereitungszeit: 15 Minuten.

Kochzeit: 5 Minuten.

Dient: 2

Zutaten:

- ½ Tasse Mandelmehl
- ¼ Tasse Molkenproteinisolat
- 1 Teelöffel Xanthangummi
- ½ Teelöffel Backpulver
- ½ Tasse Eiweiß
- 1 Avocado, in Scheiben geschnitten
- 1 Scheibe Schinken
- 1 Hühnerfrikadelle, gekocht
- 1 Käsescheibe
- 1 Scheibe Tomaten

Vorbereitung:

1. Mandelmehl mit Eiweiß, Xanthan, Backpulver und Eischnee in einer 4-Zoll-Auflaufform mischen.
2. Diesen Brotteig in der Mikrowelle 1-2 Minuten lang kochen und in 2 gleich große Scheiben schneiden.
3. Heizen Sie Ihren Hamilton Beach Breakfast Sandwich Maker vor.
4. Heben Sie die obere Abdeckung, den Ring und die Kochplatte ab.
5. Legen Sie die untere Hälfte des Brotes in den Sandwichmaker.
6. Nun die Kochplatte und die oberen Ringe absenken, dann ½ der Füllung darauf legen.
7. Den anderen Kreis des Brotes darauf legen.
8. Decken Sie die obere Haube ab und lassen Sie das Sandwich 5 Minuten lang garen.
9. Drehen Sie den Griff der Kochplatte nach dem Kochen im Uhrzeigersinn bis zum Anschlag.
10. Die Haube abnehmen, die Ringe entfernen und das Sandwich auf einen Teller legen.
11. Wiederholen Sie diese Schritte mit den restlichen Zutaten.
12. Servieren.

Anregung zum Servieren: Servieren Sie das Sandwich mit knusprigem Speck und Ihrer Lieblingssauce dazu.

Variationstipp: Sie können auch ein Salatblatt in die Füllung geben.

Nährwertangaben pro Portion:

Kalorien 351 | Fett 19g | Natrium 412mg | Kohlenhydrate 3g | Ballaststoffe 0,3g | Zucker 1g | Eiweiß 23g

Mayo Speck Waffel Sandwich

Vorbereitungszeit: 15 Minuten.

Kochzeit: 10 Minuten.

Reicht für 1

Zutaten:

Fladenbrot

- ½ Tasse Mozzarella zerkleinert
- 1 Ei
- 1 Esslöffel grüne Zwiebel gewürfelt
- ½ Teelöffel italienisches Gewürz

Sandwich

- 1 Scheibe Speck, gekocht
- 1 Kopfsalatblatt
- 1 Scheibe Tomate
- 1 Esslöffel Mayo

Vorbereitung:

13. Mozzarella-Käse, Ei, Frühlingszwiebeln und Gewürze in einer Schüssel mischen.
14. Eine antihaftbeschichtete Pfanne auf mittlere Hitze einstellen.
15. Jeweils ½ der Käsemischung in die Pfanne geben, in 4-Zoll-Runden verteilen und 2 Minuten pro Seite braten.
16. Ein weiteres Häckselgut herstellen und beiseite stellen.
17. Heizen Sie Ihren Hamilton Beach Breakfast Sandwich Maker vor, bis die PREHEAT-Anzeige grün leuchtet.
18. Heben Sie die obere Abdeckung, den Ring und die Kochplatte ab.
19. Legen Sie eine Spreu in den Sandwichmaker.
20. Mayo, Tomate, Kopfsalat und Speck darauf verteilen.
21. Den anderen Kreis des Häckselguts darauf legen.
22. Senken Sie nun die Kochplatte und die oberen Ringe ab.
23. Decken Sie die obere Haube ab und lassen Sie das Sandwich 5 Minuten lang garen.
24. Drehen Sie den Griff der Kochplatte im Uhrzeigersinn bis zum Anschlag.
25. Die Haube abnehmen, die Ringe entfernen und das Sandwich auf einen Teller legen.
26. Servieren.

Anregung zum Servieren: Servieren Sie das Sandwich mit Ihrem Lieblings-Keto-Salat als Beilage.

Variations-Tipp: Fügen Sie der Füllung noch etwas Gemüse hinzu.

Nährwertangaben pro Portion:

Kalorien 361 | Fett 16g | Natrium 515mg | Kohlenhydrate 9,3g | Ballaststoffe 0,1g | Zucker 18,2g | Protein 33,3g

Kubanisches Sandwich mit Speck und Tomate

Vorbereitungszeit: 15 Minuten.

Kochzeit: 5 Minuten.

Dient: 2

Zutaten:

- ½ Tasse Mandelmehl
- ¼ Tasse Molkenproteinisolat
- 1 Teelöffel Xanthangummi
- ½ Teelöffel Backpulver
- ½ Tasse Eiweiß
- 1 Peperoni-Scheibe
- 1 Scheibe Speck
- ¼ Tasse Pulled Pork
- 1 Käsescheibe
- 1 Scheibe Tomaten

Vorbereitung:

1. Mandelmehl mit Eiweiß, Xanthan, Backpulver und Eiweiß in einer 4-Zoll-Auflaufform mischen.
2. Diesen Brotteig in der Mikrowelle 1-2 Minuten lang kochen und in 2 gleich große Scheiben schneiden.
3. Heizen Sie Ihren Hamilton Beach Breakfast Sandwich Maker vor.
4. Heben Sie die obere Abdeckung, den Ring und die Kochplatte ab.
5. Legen Sie die untere Hälfte des Brotes in den Sandwichmaker.
6. Nun die Kochplatte und die oberen Ringe absenken und ½ der Füllung darauf legen.
7. Den anderen Kreis des Brotes darauf legen.
8. Decken Sie die obere Haube ab und lassen Sie das Sandwich 5 Minuten lang garen.
9. Nach Beendigung des Garvorgangs drehen Sie den Griff der Kochplatte im Uhrzeigersinn bis zum Anschlag.
10. Die Haube abnehmen, die Ringe entfernen und das Sandwich auf einen Teller legen.
11. Wiederholen Sie diese Schritte mit den restlichen Zutaten.
12. Servieren.

Anregung zum Servieren: Servieren Sie das Sandwich mit knusprigem Speck und Ihrer Lieblingssauce dazu.

Variations-Tipp: Geben Sie zusätzlich etwas gemahlenen schwarzen Pfeffer in die Füllung.

Nährwertangaben pro Portion:

Kalorien 405 | Fett 22.7g | Natrium 227mg | Kohlenhydrate 6.1g | Ballaststoffe 1.4g | Zucker 0.9g | Protein 45.2g

Mohn und Deli Schinken Sliders

Vorbereitungszeit: 15 Minuten.

Kochzeit: 7 Minuten.

Reicht für 1

Zutaten:

- ½ Tasse Mandelmehl
- 1/4 Tasse Molkenproteinisolat
- 1 Teelöffel Xanthangummi
- ½ Teelöffel Backpulver
- ½ Tasse Eiweiß
- ¼ lb. Schweizer Käse
- ¼ Pfund unbehandelter Schinken
- 1 Esslöffel gehackte weiße Zwiebel
- 2 Esslöffel ungesalzene Butter
- ¼ Esslöffel gelber Senf
- ¼ Esslöffel Mohnsamen
- ¼ Teelöffel Worcestershire-Sauce

Vorbereitung:

1. Mandelmehl mit Eiweiß, Xanthan, Backpulver und Eiweiß in einer 4-Zoll-Auflaufform mischen.
2. Diesen Brotteig 1-2 Minuten in der Mikrowelle kochen und in 2 gleich große Scheiben schneiden.
3. Worcestershire-Sauce, Senf, Senf und Zwiebel in einer Schüssel mischen.
4. Heizen Sie Ihren Hamilton Beach Breakfast Sandwich Maker vor, bis die PREHEAT-Anzeige grün leuchtet.
5. Heben Sie die obere Abdeckung, den Ring und die Kochplatte ab.
6. Legen Sie eine Brotscheibe in den Sandwichmaker.
7. Nun die Kochplatte und die oberen Ringe absenken und alle Füllungen darauf legen.
8. Den anderen Kreis des Brotes darauf legen.
9. Decken Sie die obere Haube ab und lassen Sie das Sandwich 5 Minuten lang garen.
10. Drehen Sie den Griff der Kochplatte im Uhrzeigersinn bis zum Anschlag.
11. Die Haube abnehmen, die Ringe entfernen und das Sandwich auf einen Teller legen.
12. Servieren.

Anregung zum Servieren: Servieren Sie den Slider mit Ihrer Lieblings-Keto-Soße als Beilage.

Variations-Tipp: Fügen Sie der Füllung zusätzlich einige getrocknete Kräuter hinzu.

Nährwertangaben pro Portion:

Kalorien 361 | Fett 16g | Natrium 515mg | Kohlenhydrate 9,3g | Ballaststoffe 0,1g | Zucker 18,2g | Protein 33,3g

Curry-Puten-Sandwich

Vorbereitungszeit: 15 Minuten.
Kochzeit: 17 Minuten.
Reicht für 1

Zutaten:

- ½ Tasse Mandelmehl
- ¼ Tasse Molkenproteinisolat
- 1 Teelöffel Xanthangummi
- ½ Teelöffel Backpulver
- ½ Tasse Eiweiß
- 4 Unzen Putenhackfleisch
- ¼ rote Zwiebel, gerieben
- ½ Knoblauchzehe, zerdrückt
- ½ Teelöffel Madras-Currypulver
- 1 Esslöffel gehackter Koriander
- ½ Eigelb
- ½ Esslöffel Sonnenblumenöl

Vorbereitung:

1. Mandelmehl mit Eiweiß, Xanthan, Backpulver und Eischnee in einer 4-Zoll-Auflaufform mischen.
2. Diesen Brotteig 1-2 Minuten in der Mikrowelle kochen und in 2 gleich große Scheiben schneiden.
3. Truthahn mit roten Zwiebeln, Knoblauch, Currypulver, Koriander und Eigelb in der Küchenmaschine 1 Minute lang pürieren.
4. Eine geeignete Pfanne mit Olivenöl auf mittlerer bis hoher Stufe erhitzen.
5. Aus der Putenmischung 1 Frikadelle formen.
6. Die Putenbratlinge im Öl 5 Minuten pro Seite anbraten.
7. Heizen Sie Ihren Hamilton Beach Breakfast Sandwich Maker vor, bis die PREHEAT-Anzeige grün leuchtet.
8. Heben Sie die obere Abdeckung, den Ring und die Kochplatte ab.
9. Legen Sie eine Brotscheibe mit der Schnittfläche nach oben in das untere Fach des Sandwichmakers.
10. Nun die Kochplatte und die oberen Ringe absenken und eine Frikadelle hineinlegen.
11. Die andere obere Brötchenhälfte darauf legen.
12. Decken Sie die obere Haube ab und lassen Sie das Sandwich 5 Minuten lang garen.
13. Drehen Sie den Griff der Kochplatte im Uhrzeigersinn bis zum Anschlag.
14. Die Haube abnehmen, die Ringe entfernen und das Sandwich auf einen Teller legen.
15. Wiederholen Sie die gleichen Schritte mit den restlichen Zutaten.
16. Servieren.

Anregung zum Servieren: Servieren Sie das Sandwich mit Ihrem Lieblings-Keto-Salat als Beilage.

Variations-Tipp: Fügen Sie der Füllung noch etwas Käse hinzu.

Nährwertangaben pro Portion:

Kalorien 361 | Fett 16g | Natrium 515mg | Kohlenhydrate 9,3g | Ballaststoffe 0,1g | Zucker 18,2g | Protein 33,3g

Avocado-Hühnchen-Sandwich

Vorbereitungszeit: 15 Minuten.

Kochzeit: 5 Minuten.

Dient: 2

Zutaten:

- ½ Tasse Mandelmehl
- ¼ Tasse Molkenproteinisolat
- 1 Teelöffel Xanthangummi
- ½ Teelöffel Backpulver
- ½ Tasse Eiweiß
- ½ Avocado püriert
- 3 Scheiben Tomate
- 2 Scheiben Käse
- 4 Unzen gegrillte Hühnerbrust
- Salz und schwarzer Pfeffer nach Geschmack

Vorbereitung:

1. Mandelmehl mit Eiweiß, Xanthan, Backpulver und Eischnee in einer 4-Zoll-Auflaufform mischen.
2. Diesen Brotteig in der Mikrowelle 1-2 Minuten lang kochen und in 2 gleich große Scheiben schneiden.
3. Heizen Sie Ihren Hamilton Beach Breakfast Sandwich Maker vor.
4. Heben Sie die obere Abdeckung, den Ring und die Kochplatte ab.
5. Legen Sie die untere Hälfte des Brotes in den Sandwichmaker.
6. Nun die Kochplatte und die oberen Ringe absenken und ½ der Füllung darauf legen.
7. Den anderen Kreis des Brotes darauf legen.
8. Decken Sie die obere Haube ab und lassen Sie das Sandwich 5 Minuten lang garen.
9. Nach Beendigung des Garvorgangs drehen Sie den Griff der Kochplatte im Uhrzeigersinn bis zum Anschlag.
10. Die Haube abnehmen, die Ringe entfernen und das Sandwich auf einen Teller legen.
11. Wiederholen Sie diese Schritte mit den restlichen Zutaten.
12. Servieren.

Anregung zum Servieren: Servieren Sie das Sandwich mit knusprigem Speck und Ihrer Lieblingssoße auf der Seite.

Variations-Tipp: Fügen Sie der Füllung zusätzlich einige getrocknete Kräuter hinzu.

Nährwertangaben pro Portion:

Kalorien 361 | Fett 10g | Natrium 218mg | Kohlenhydrate 6g | Ballaststoffe 10g | Zucker 30g | Eiweiß 14g

SCHLUSSFOLGERUNG

Der Hamilton Beach Breakfast Sandwich Maker besteht aus einfachen Teilen und Funktionen. Sie können mit dieser Küchenmaschine jede Art von Sandwich zubereiten. Wenn Sie eine Keto-Diät machen, machen Sie Fleisch-Sandwiches. Wenn Sie Veganer sind, machen Sie vegetarische Sandwiches. Wenn Sie gesunde Sandwiches essen möchten, machen Sie mit dieser Küchenmaschine gesunde Frühstückssandwiches. Sie ist mit zwei Kontrollleuchten, Kochplatten, einem abnehmbaren Montagering, einem Deckel sowie einer oberen und unteren Heizplatte ausgestattet. Sie bereitet Sandwiches in 5 Minuten oder weniger zu. So spart man Zeit und Geld. In meinem Kochbuch dreht sich alles um Sandwiches. Mit dem Hamilton Beach Frühstücks-Sandwichmaker können Sie Frühstücks-Sandwiches zubereiten und Sandwiches zum Mittagessen, Abendessen oder als Snack zubereiten. Er ist ein benutzerfreundliches Küchengerät. Erleichtern Sie sich Ihre Morgenroutine mit diesem Küchengerät. Die Morgenzeit ist die geschäftigste Zeit überhaupt. Mütter wollen ein schnelles Frühstück für ihre Kinder zubereiten. Der Hamilton Beach Breakfast Sandwich Maker macht das Leben von Müttern jetzt einfacher. Diese Küchenmaschine ist langlebig und tragbar. Ich hoffe, Sie werden die Funktionen der Küchenmaschine verstehen. Ich habe schnelle und leckere Rezepte in das Kochbuch aufgenommen. Ich hoffe, Sie lieben mein Kochbuch. Danke, dass Sie mein Kochbuch gekauft haben. Danke, dass Sie es lesen und schätzen.